CHINESE PRIMER

チャイニーズ・プライマー

New Edition

古川 裕
YUTAKA FURUKAWA

東方書店

はじめに

　このテキスト『チャイニーズ・プライマー New Edition』は，同名の旧版（『チャイニーズ・プライマー vol.1/vol.2』，1993年2月/8月，東方書店）の修訂版として，中国語のプロを目指す方々のために新たに構成しなおしたものです。
　本書は主に，大学などで中国語を専攻言語として学ぶ人々の初級～中級期における教室での使用を想定していますが，付属CDを最大限に活用することで独習用としても，あるいは既習者の復習用参考書としても利用できるように配慮してあります。

- 初級期（前期用もしくは1年次）：
　　　PART1　発音編8課
　　　PART2　初級編10課
- 中級期（後期用もしくは2年次）：
　　　PART3　中級編10課
　　　PART4　応用編5課

　ことばの実体は「音声」です。とりわけ中国語の学習は発音に始まり発音に終わる，そして，発音良ければなかば良しといった感があります。漢字に対する安易な親近感によりかかって目だけで学んだつもりになることのないように，耳と口をフル稼働する必要があります。ぜひ，付属CDを活用して，中国語というこの美しいことばのシャワーを浴びてください。
　そして，初歩の外国語学習は「ものまね」に徹することです。発音練習がものまね訓練以外の何ものでもないことは言うまでもありませんが，口をついて出る表現も日本語を離れて中国語の発想に沿ったものでなくてはなりません。本書で作文練習ならぬ［借文練習］を豊富に設けた所以です。また，課文や適当な例文も暗誦を心がけて，模範となる表現のストックを増やしてください。まずは，個性よりも模倣が第一です。

最後に，ことばは「文化」です。中国語は中国という一大世界と不可分の間柄にあります。晴れて中国語をマスターしたとき，その中国語でいったい何を伝え語り合うのか，それは我々学習者ひとりひとりの心の姿勢にゆだねられています。ことばの背後にある中華世界の実相に対して飽くことなき好奇心を抱き続けてください。中国語を学び中国を理解しようとする知的努力は，21世紀に生きる我々に日本・日本人・日本語をあらためて見直す機会と視点をも与えてくれることでしょう。

　本書を編むにあたっては，中国・日本・欧米の先行著作から多くを学びました。また，この度の修訂作業に至るまでに本書の旧版を使用された多くの先生方や同学の皆様からたくさんの忌憚無いご意見とご教示を頂くことができました。心からお礼申し上げます。

　このテキストを礎として，中国語ひいては中華世界に通じるプロフェッショナルが一人でも多く育つことを祈りつつ

古川　裕
2001年初春

目　　次

はじめに

PART1　発音編

I　中国語の音節構造 ——————————————— 2
　　1：単音節　2：IMVE/T　3：ピンイン表記と簡体字

II　Māma mà mǎ．"妈妈骂马。"　声調 *Tone*：四声と軽声 ——— 4
　　1：声調　2：四声　3：軽声

III　Wǒ yě è le．"我也饿了。"　単母音 ——————————— 8
　　1：6個の単母音　2：発音

IV　bo po mo fo……　声母 ——————————————— 10
　　1：声母表　2：有気音 vs. 無気音　3：そり舌音のグループ
　　4：3つの i　5：二つの u　[簡体字・繁体字・常用漢字]

V　Wǒ ài nǐ．"我爱你。"　複母音 ——————————— 16
　　1：複母音の体系　2：発音　3：基本的文法の練習

VI　Wǒ qù Xiānggǎng．"我去香港。"　鼻音韻尾 -n -ng ——— 20
　　1："-n"と"-ng"　2：発音

VII　英雄好汉　変調，声調の組み合わせ ——————————— 24
　　1：声調符号を付ける優先順位　2：第3声の連続による変調
　　3：変調　不＋◇　4：変調　一＋◇　5：声調の組み合わせ

VIII　好好儿学习，天天向上。　R化 ——————————— 29
　　1：そり舌母音"er"　2：接尾辞"-儿 -r"

PART2　初級編

1　王老师，您好！ ——————————————————— 36
　　判断を表す"是 shì"　文末のムード助詞："吗 ma"，"吧 ba"，
　　"啊 a"

2　您是哪国人？ ——————————————————— 40
　　姓名の尋ね方・答え方　"您是哪国人？"「お国はどちらですか？」

v

3	你家在哪儿？	46
	副詞"也""都"　疑問表現：「疑い」と「問いかけ」	
4	这是什么书？	54
	疑問詞"什么 shénme"　介詞"在、给、用"　所有関係を明示する助詞"的 de"　指示詞の体系	
5	我们有三个孩子。	62
	目的語を二つ取る動詞と文型　数の数えかた　基本量詞　未定数の疑問詞："几 jǐ""多少 duōshao(duōshǎo)"　"一"：yī と yāo	
6	一共多少钱？	70
	100以上の数　1より小さい数　金額の言い方　形態変化の無いことば　主述述語文	
7	今天几月几号，星期几？	78
	時点 *Time Point*：日付と時刻　時間 *Time Interval*　概数表現　副詞："就 jiù""才 cái""已经 yǐjing~了。""都 dōu~了。"好极了 jíle	
8	是彩色的还是黑白的？	90
	A or B 型疑い文　"怎么 zěnme"　ありさまのことば　越 P 越 Q	
9	这儿有没有公用电话？	98
	場所語　存在文　空間(時間)に関する介詞："从 cóng""到 dào""离 lí""往 wǎng"　動詞の重ね型	
10	我要理发。	110
	助動詞　程度副詞	

PART3　中級編

11	我跳舞跳得不好。	120
	程度補語	
12	他去医院了吗？	126
	已然・変化のムード助詞"了$_M$"と発生・実現のアスペクト辞"了$_A$"　疑問詞+"也/都"+…　"有点儿"+形容詞　にせの「問いかけ」　ムード助詞"嘛 ma"	

13 你是什么时候来的? ———————————— *138*
　　焦点表現:"是…的。"　否定疑問:"不是…吗?"　使役表現:兼語文　重複の副詞:"又""再"　"好久没见了。"　"有 N"グループの単語　"喝(一)杯茶吧!"

14 我正在看电视呢。 ———————————————— *152*
　　進行表現:"(正)在 VP 呢。"　経験のアスペクト:"V 过"　否定副詞:"不""没有"　承前接続語:"那""那么"

15 我们准备旅行半个月。 ———————————————— *162*
　　動作とその継続時間　動作終了後の経過時間　動作とその実行回数:動量詞　"有"文の語順　伝聞表現:"听说"

16 你的报告已经写好了吗? ———————————— *176*
　　結果補語:VR　方向補語:"V 来""V 去"　応用練習:"春风"

17 我带照相机来了。 ———————————————— *186*
　　複合方向補語:VDd　形容詞の命令表現:"A 一点儿!"　形容詞の重ね型:状態形容詞　仮定表現:"要是 P, 就 Q。"　類似表現:"像…一样"　三つの de:"的""地""得"

18 山那边儿开过来一列火车。 ———————————— *200*
　　存現文　定着表現:"V 在…"　到達表現:"V 到…"　並行動作:"一边 V₁ 一边 V₂"　応用練習:"买鞋"

19 咱们喝着茶说话吧。 ———————————————— *210*
　　持続のアスペクト:"V 着"　"有的 N…, 有的 N…。"　応用練習:唐詩二首"春晓""静夜思"

20 快把窗户开开! ———————————————— *218*
　　処置文:介詞"把"　"V 起来"　ムード副詞:"还是"　比喩と推量:"好像"　取り立て表現:"连…都/也"　三文字のイディオム　離合詞 v//n　応用練習:"愚公移山"

PART4　応用編

21　**看京剧(一)：我怕听不懂。** ────── *232*
可能補語："V 不 R""V 不 D"　制限副詞："只"　ムード動詞："是"　推量表現："看(起)来，…。"

22　**看京剧(二)：他们谁也碰不着谁。** ────── *242*
可能補語："V 不着 zháo""V 不了 liǎo"　可能性の"会"　条件表現："只要 P 就 Q。""只有 R 才 Q。"　仮定讓歩表現："就是 P 也 Q。"　讓歩表現："x 是 x，可是…。""谁也不 V 谁。"

23　**景德镇的瓷器比玉白，比纸薄。** ────── *252*
介詞"比"による比較表現　"有/没有"による比較表現　讓歩表現："虽然 P，但是 Q。"　応用練習："画蛇添足"

24　**谁做得好，就给谁敬酒。** ────── *264*
疑問詞の連鎖表現　同等表現："A 跟 B 一样(形)"　反語表現"哪(儿)…?""怎么…?"　「指示語」＋数詞＋量詞＋名詞　目的表現：介詞"为""为了"　応用練習："你们吃什么，我也吃什么。"

25　**他被大夫批评了一顿。** ────── *274*
受動表現：介詞"被""叫""让"　不満表現："V 什么！"　強調否定："一点儿＋也/都＋否定述語"

中国語音節全表

PART 1

発音編

中国語の音節構造

1：単音節

　漢字はすべて一音節に読まれます。俗に「中国語は単音節言語である」と言われるゆえんです。より正確を期して言えば「中国語における漢字はすべて単音節である」ということになります。たとえば，「心」という字は日本語では訓読み「こ/こ/ろ」，音読み「シ/ン」と多音節に読みますが，中国語にあっては常に"xīn"と一音節に読まれます。

　中国語の発音では**一字一音節**であることをお忘れなく。

2：*IMVE/T*

　各字すなわち各音節は次表のように整然とした構成をもっています。この内部構造を英訳術語の頭文字をとって *IMVE/T* と略称しましょう。

　音節はまず声母と韻母そして声調という三つの部分に分けられます。

　声母 *Initial* は各音節の頭子音で，21個あります。第4章で練習をします。

　韻母はさらに**介音** *Medial*，**主母音** *Vowel*，**韻尾** *Ending* の三要素に分けることができます。

　次表にあるとおり，音節は主母音が中心で，声母・介音・韻尾は欠ける（φ ゼロ形）ことがあります。

　そして，声母プラス韻母の *IMVE* 全体をおおう形で**声調** *Tone* がかぶさります。

　こうしてあらゆる漢字の中国語による読み *IMVE/T* が確定できるというわけです。

字	拼音	声母 Initial	韻母			声調 Tone
			介音 Medial	主母音 Vowel	韻尾 Ending	
饿	è	φ	φ	e	φ	第4声
安	ān	φ	φ	a	n	第1声
牙	yá	φ	i(y)	a	φ	第2声
外	wài	φ	u(w)	a	i	第4声
想	xiǎng	x	i	a	ng	第3声

3：ピンイン表記と簡体字

　漢字の発音を示す手がかりとして，ピンイン（"汉语拼音 Hànyǔ pīnyīn"）と呼ばれる中国式ローマ字表記と声調符号を使います。中国語の発音マスターのためには，このピンイン表記の約束事を正確に学ぶ必要があります。

　また，現代中国語では字体に簡略化を加えた簡体字"简化字 jiǎnhuàzì"を正字として用います。見慣れた漢字とあなどらないで，正しい字の姿に注意しましょう。

◆《人民日报》はインターネットで読むこともできる（http://www.peopledaily.com.cn）。日本語版もある。

Māma mà mǎ. "妈妈骂马。"

声調 *Tone*：四声と軽声

1：声調

　中国語は声調言語の代表です。中国語を耳にしたときの心地よい音楽的な印象はこの声調のあらわれです。
　声調 *Tone* とはすべての音節成立に欠かせない**高低アクセント**です。声調が異なれば違う音節つまり違う漢字というわけです。ということは声調をまちがえれば意味が通じないはめになります。
　中国語に声調のない漢字は存在しません。いっぽう日本語では二音節以上の単語などの内部で相対的に音声が上り下りすることで意味の違いを反映することがあります。たとえば「橋ハシ：箸ハシ」「花が美しい：鼻が美しい」といったぐあいです。しかし，中国語は *IMVE／T* 構造に示されるとおり**一音節 *IMVE* の内部で音声が上り下りする**点で日本語の例とはまったく異質です。一字の中で高低をつけるのです。（実は，筆者の母語京都のことばには一音節単語に声調があります。「蚊→/蛾→/気→/木↑/毛↓/木◡が……」というのですが，皆さんのお国ことばではいかがでしょうか。）

2：四声

　中国語は方言によって声調の数も形も一様ではありませんが，"普通话 pǔtōnghuà" にはその基礎方言の北京方言に従い四つの声調（四声）と軽声（弱化アクセント）があります。

　では第1声から順に各声調の特徴と発音のコツを説明します。[　　]内の数字は，無理なく出せる自分自身の声域をおよそ1〜5（3が普通の高さ）の五段階に分けた場合のめやすです。

声の上げ下げを完全にコントロールできるまで，力の入れ加減・抜き加減に注意して，少し大げさなくらいに反復練習しましょう。

第１声：ā　　自分の声域で**かなり高めの音を平らにのばす**。［５５］
　　　　　　放送の時報で最後に鳴る「ピー」の調子で。
第２声：á　　普通の高さから**ぐっと高く高く引き上げる**。［３５］
　　　　　　「ええっ(何)？」という問い返しのお尻を強く言う調子で。
第３声：ǎ　　アゴをひきノドを絞めるように**低くおさえこむ**。［２１］
　　　　　　さも感心して「へえー(なるほど)！」と言う調子で。
　　　　　　後半部を無理に上げようとせずに，自然にまかせる。
第４声：à　　出だしを強くかなりの高さから**一気に下げ落す**。［４１］
　　　　　　渋る相手を促して「さあ(行こう)！」と言う調子で。
軽　声：a　　自身の声調を持たず，前の字の声調次第で高さが上下します。声調符号は何もつけません。
　　　　　　相手を小馬鹿にして言う「ばーか！」の「か」のように**あくまで軽くそして短く**。

● 四声の対立関係

	平	非平
高	第１声 ā 高く平らに →	第２声 á 高く上る ↗
低	第３声 ǎ 低さを保つ →	第４声 à 低く下がる ↘
	軽声 a　軽く短く	

● 力の入れ加減・抜き加減

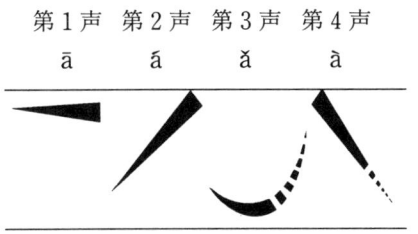

第１声　第２声　第３声　第４声
　ā　　　á　　　ǎ　　　à

CD1-02
発音練習：次のピンインをそれぞれ3回読みなさい。

(1) ā　á　ǎ　à

(2) mā　má　mǎ　mà
　　妈　麻　马　骂

(3) māo　máo　mǎo　mào
　　猫　毛　卯　帽

CD1-03
聴取練習：先生の発音を聞いて声調を書き取りなさい。

(1)
　　ni　ni　ni　ni　　※声調記号はiの上の点を用いる。

　　lao　lao　lao　lao　　※声調記号は主母音の上につける。☞Ⅶ課

(2)
　　mama qi ma, ma man, mama ma ma.
　　妈妈 骑 马，马 慢，妈妈 骂 马。

(3)
　　zhong hua ren min gong he guo　　bei jing shi
　　中　华　人　民　共　和　国　　北　京　市

3：軽声

軽声はそれ自身の固定した高さを持ちません。常に他の字に後接してあらわれ、前の字の声調によりはじめて相対的に高低が決まります。

軽声の高さは前の強勢字を発音しおえて**力を抜いたときの自然な高さ**に落ち着きます。軽声字の発音では高低よりも**強弱として軽く短く読む**ことが肝要です。

```
   1 ＋ 0        2 ＋ 0        3 ＋ 0        4 ＋ 0
  [55＋3]       [35＋3]       [21＋4]       [41＋2]
```

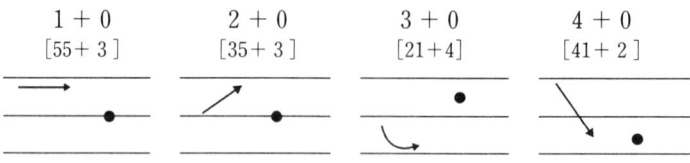

CD1-04
発音練習：

(1) māma　　máma　　mǎma　　màma

　　yīzi　　　yízi　　　yǐzi　　　yìzi

(2) māma　　yéye　　jiějie　　bàba
　　妈妈　　爷爷　　姐姐　　爸爸

(3) bēizi　　bízi　　　yǐzi　　　bèizi
　　杯子　　鼻子　　椅子　　被子

CD1-05
聴取練習：次の単語はすべて第二音節を軽声に読みます。第一音節の声調を聞きとりなさい。

(1) gege　　didi　　meimei　　nainai　　wawa
　　哥哥　　弟弟　　妹妹　　　奶奶　　　娃娃

(2) jiaozi　　maozi　　shanzi　　qiezi　　shizi
　　饺子　　帽子　　扇子　　　茄子　　狮子

(3) wode　　nide　　tade　　sheide　　haode
　　我的　　你的　　他的　　谁的　　　好的

(4) yige　　liangge　　sange　　sige　　shige
　　一个　　两个　　　三个　　四个　　十个

(5) chiba　　zuozhe　　youma　　daole　　xueguo
　　吃吧　　坐着　　　有吗　　到了　　学过

(6) taiyang　　yueliang　　xingxing　　xiexie　　laba
　　太阳　　　月亮　　　　星星　　　　谢谢　　喇叭

Wǒ yě è le. "我也饿了。"

単母音

1：6個の単母音

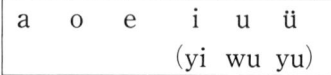

※声母がつかずに母音だけが単独であらわれると

ɸi → yi
ɸu → wu
ɸü → yu

と綴ります。

CD1-06
2：発音

　a：日本語よりも明るくはっきりした「ア」。

　　　　ā　á　ǎ　à　　　　tā tá tǎ tà　…tā 他 かれ

　o：唇を丸くすぼめた「オ」。日本語の「オ」よりも奥の方から声を出します。

　　　　ō　ó　ǒ　ò　　　　mō mó mǒ mò　…mò 墨 すみ

　e：「エ」の口で顎をひいて喉の奥から「オ」。ナイフで背中を一突きされたらこんな音が出るのかも。

　　　　ē é ě è　…è 饿 空腹だ　　kē ké kě kè　…kě 渇 のどがかわいている

　i：唇を左右にひいた鋭い「イ」。口の両わきに力が入ります。

　　　　yī yí yǐ yì　…yī 一 いち　nī ní nǐ nì　…nǐ 你 あなた

bo po mo fo ……
声　母

CD1-08
1：声母表

中国語には次表のように21個の声母 *Initial* があります。この表を暗記して空で言えるようになるまで飽きるくらい練習して下さい。

無気音 ↔ 有気音

	b(o)	p(o)	m(o)	f(o)
	d(e)	t(e)	n(e)		l(e)
	g(e)	k(e)		h(e)
	j(i)	q(i)	x(i)
そり舌音	zh(i)	ch(i)	sh(i)	r(i)
	z(i)	c(i)	s(i)

CD1-09
2：有気音 vs.無気音

有気音　　*aspirated*：充分な息で子音の緊張を破る。
無気音　　*non-aspirated*：**喉ぼとけ（声門）に力を入れ息を殺して**，穏やかに。

　有気音と無気音の対立は次に太字で示す6組があります。この発音差は強弱，清濁の対立ではありません。声門の開放〜緊張度によって息の使い方をコントロールすることを目指しましょう。

唇音のグループ

b：p　bo：bā　　bó　　bǐ　　bù　：bǐ 笔　⎫
　　　 po：pā　　pó　　pǐ　　pù　：pípa 琵琶 ⎬ píbāo 皮包

u：唇を丸くとんがらせた「ウ」。口笛のように唇が突き出ます。

  wū　wú　wǔ　wù　…wǔ　五 ご　kū kú kǔ kù　…kū　哭 泣く

ü：「ユ」の口をしながら「イ」。途中で唇は動かさないこと。

  yū　yú　yǔ　yù　…yú　鱼 さかな　lū lǘ lǚ lǜ　…lǜ　绿 みどり

CD1-07
発音練習：少し長い文で口慣らしをしてみましょう。次の対話を大きな声でCDをまねて何度か読みなさい。

(1) è 饿　："Tā è le, nǐ ne?"　　"Wǒ yě è le."
　　　　　　"他　饿了，你 呢？" 〜　"我 也 饿 了。"
　　　　　　「彼はお腹がすいたけれど君は？」「僕もお腹がすいた。」

(2) kě 渴　："Tā kě le, nǐ ne?"　　"Wǒ yě kě le."
　　　　　　他　渴了，你 呢？" 〜　"我 也 渴 了。"
　　　　　　「彼は喉がかわいたけれど君は？」「僕も喉がかわいた。」

(3) kū 哭　："Tā kū le, nǐ ne?"　　"Wǒ yě kū le."
　　　　　　她　哭了，你 呢？" 〜　"我 也 哭 了。"
　　　　　　「彼女は泣いたけれどあなたは？」「私も泣きました。」

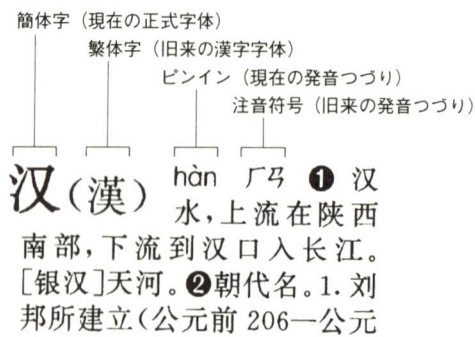

中国の代表的な字引《新华字典》（商務印書館）の構成

| m | mo： | 女性が口紅を塗る時のように上下の唇をキュッと結ぶ。 | ：māo 猫　　mǎimài 买卖 |
| f | fo： | 上唇を上の歯で軽くかむ。 | ：fēi 飞　　fūfù 夫妇 |

舌尖音のグループ

d：t　de：dū　dé　dǎ　dì　：dà 大 ⎫
　　　te：tū　té　tǎ　tì　：tā 他/她 ⎬ dìtú 地图
　　　　　　　　　　　　　　　　　⎭

n　ne：　　　　　　　　　：nǐ 你　　nà 那

l　le：　　　　　　　　　：lǎo 老　　lèi 累

舌根音のグループ：いずれも口の奥深くを使って発音します。鋭い音との組み合わせはありません。

g：k　ge：gā　gé　gǔ　guò　：gǔ 古 ⎫
　　　ke：kā　ké　kǔ　kuò　：kǔ 苦 ⎬ kǎogǔ 考古
　　　　　　　　　　　　　　　　　⎭

h　he：　口の奥の屋根に荒い息を吹きつけるようにします。　：hē 喝　　hǎo 好

舌面音のグループ："i""ü"など鋭い音の韻母とのみ組み合わされます。

j：q　ji：jī　jiá　jǔ　juè　：jiā 家 ⎫
　　　qi：qī　qiá　qǔ　què　：qī 七 ⎬ jīqì 机器
　　　　　　　　　　　　　　　　　⎭

x　xi：　　　　　　　　　：xī 西　　xuéxí 学习

※j, q, x に続くüは点々を取って ju, qu, xu としておけばよい。

舌歯音のグループ：くれぐれもローマ字読みにならないように。鋭い音とは相性の悪いグループです。

z：c　zi：zā　zé　zǐ　zài　：zài 在 ⎫
　　　ci：cā　cé　cǐ　cài　：cài 菜 ⎬ cúnzài 存在
　　　　　　　　　　　　　　　　　⎭

s　si：　　　　　　　　　：sǎo 扫　　sì 四

CD1-10
聴取練習：発音された正しい方に丸をつけなさい。

(1) 包子　b/p āozi　　(2) 电话　d/t iànhuà

(3) 可口可乐　g/k ě g/k ǒu g/k ělè　　(4) 再见　z/c àijiàn

(5) 你干什么？ Nǐ gàn shénme?　あなた，何するの？
　　你看什么？ Nǐ kàn shénme?　あなた，何見るの？

(6) 肚子饱了。Dùzi bǎole.　満腹になった。
　　兔子跑了。Tùzi pǎole.　うさぎが逃げた。

CD1-11
3：そり舌音のグループ

zh：ch　sh，r

まずは口の中の探険です。

舌先を前歯の裏からずっと口の奥へ向けてなめ上げてみましょう。歯茎が終わると急にへこむ所がありますね，ちょうどその角のあたりに舌先の心もち裏側を固定して発音するのがそり舌音です。舌は先端が少しだけそり上がって，口の中でつっかえ棒をしたような具合になります。舌面はスープスプーンのようにやさしくくぼみます。

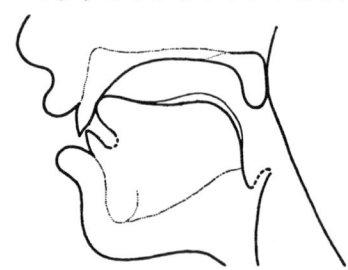

zh：　zhi：zhā zhú zhǐ　zhè：zhè 这　zházhūpái 炸猪排
　　　無気音ですから息を喉で殺して発音します。
ch：　chi：chē chá chǐ　chù：chē 车
　　　　　　　　　　　　　　　wànlǐchángchéng 万里长城
　　　有気音ですから息で舌先の閉めを破ります。

sh： shi：shuō shéi shuǐ shòu：shì 是
　　　　　　　　　　　shǎoshùmínzú 少数民族
舌先と歯茎の間を少しだけ空けて、そのすき間に息を通します。

r： ri：rī rén ruǎn ròu ：rè 热　Rìběnrén 日本人
「sh」を濁音で発音します。「り゛」の要領で。

CD1-12
発音練習：次の文をそり舌音に注意して聞き、発音しなさい。

(1)　Zhè shì Rìběn bàozhǐ 《Zhāo rì xīn wén》.
　　 这これ是である日本 报纸しんぶん 《朝 日 新 闻》。

　　 Nà shì Zhōngguó bàozhǐ 《Rén mín rì bào》.
　　 那それ・あれ是 中国 报纸 《人 民 日 报》。

(2)　Tā bù chī zhūròu, zhǐ chī jīròu.
　　 他かれ不〜ない吃たべる 猪肉ぶたにく, 只〜だけ吃 鸡肉とりにく。

CD1-13
4：三つのi

ピンインで同じくiと書いても声母によって実際の音が違います。

するどいi [i]　yi, bi pi mi, di ti ni li, ji qi xi
　　子供がいたずらっ子に「イーッだ！」と言う要領で、口を横に引いて。

平口の i [ɿ]　zi ci si
　　口を丸くしないで発音する「ウ」。

そり舌の i [ʅ]　zhi chi shi ri
　　舌先をつっかえ棒にしたまま動かさないで発音する「イ」。

| 比較 |

　　jī jí jǐ jì： zhī zhí zhǐ zhì： zī zí zǐ zì

　　qī qí qǐ qì： chī chí chǐ chì： cī cí cǐ cì

　　xī xí xǐ xì： shī shí shǐ shì： sī sí sǐ sì

　　lī lí lǐ lì： rī rí rǐ rì

Ⅳ課

CD1-14
聴取練習：声母を聞き取りなさい。

(1) 吃饭　　（　）īfàn　　　　(2) 骑车　　（　）íchē
(3) 诗人　　（　）īrén　　　　(4) 死人　　（　）ǐrén
(5) 失望　　（　）īwàng　　　 (6) 希望　　（　）īwàng
(7) 李白　　（　）ǐbái　　　　(8) 资本　　（　）īběn
(9) 洗衣机 （　）ǐ(　)ī(　)ī (10) 吸尘器 （　）īchén(　)ì

CD1-15
発音練習：発音しなさい。

Sì shì sì, shí shì shí, sì jiā shí shì shísì,
四 是 四, 十 是 十, 四 加たす 十 是 十四,

sì chéng shí shì sìshí.
四 乗かける 十 是 四十。

5：二つの u

口笛のu [u]　wu, bu pu mu fu, du tu nu lu, gu ku hu,
　　　　　　 zhu chu shu ru, zu cu su

　　口笛を吹く要領で唇を丸くすぼめ前へ突き出します。

横笛のü [y]　yu, ju qu xu, nü lü

　　唇はフルートを吹くようになるべく小さなおちょぼ口にします。細目のスリムな煙草を軽くはさめるくらいでけっこうです。j, q, x と口笛のuの結びつきはありません。したがって，ピンイン表記の上ではまぎれる心配がないのでj, q, x に続くüは点々を取ってしまってuとします。外見と実質の違いに注意。

CD1-16

| 比較 | カタカナ発音「ウ」からの脱却

喉奥のe　　　平口のi　　　丸口のu

zē zé zě zè ：zī zí zǐ zì ：zū zú zǔ zù

cē cé cě cè ：cī cí cǐ cì ：cū cú cǔ cù

sē sé sě sè ：sī sí sǐ sì ：sū sú sǔ sù

CD1-17
聴取練習：次の単語の声調を聞き取りなさい。

    jingju   tushuguan   chuzuqiche   nannü laoshao
 (1) 京剧 (2) 图书馆 (3) 出租汽车 (4) 男女 老少

CD1-18
聴取練習：空欄の母音と声調を埋めなさい。

(1) 苏州 s( )zhōu (2) 厕所 c( )suǒ
(3) 祖国 z( )guó (4) 自己 z( )jǐ
(5) 彩色 cǎis( ) (6) 生词 shēngc( )
(7) 汉字 hànz( ) (8) 杜甫 d( )f( )

[簡体字，繁体字，常用漢字]

A：簡体字 （中国）	B：繁体字 （台湾・香港など）	C：常用漢字 （日本）	
中	中	中	A＝B＝C
佛	佛	仏	A＝B
贵	貴	貴	B＝C
国	國	国	A＝C
乐	樂	楽	A≠B≠C

中国の"可口可乐""百事可乐"と台湾の"可口可樂"

Wǒ ài nǐ. "我爱你。"

複母音

1：複母音の体系

二重母音(*VE* または *MV*)，三重母音(*MVE*)はきれいな配列をしています。

(1) 主母音 *V* 中心に並べると；

V>E タイプ　　： ai　ei　ao　ou
　　　　　　　　　‖　‖　‖　‖
M<V タイプ　　： ia　ie　ua　uo　üe
　　　　　　　　　‖　‖　‖　‖
M<V>E タイプ：iao uei uai iou

(2) 介音 *Medial* 中心に並べ直すと；

M							
φ	a	o	e	ai	ei	ao	ou
i	ia	/	ie	/	/	iao	iou
u	ua	uo	/	uai	uei	/	/
ü	/	/	üe	/	/	/	/

●綴りのルール二箇条
単独では　　φi → yi
　　　　　　φu → wu
　　　　　　φü → yu
の原則。
声母に続くと
　　□iou → □iu
　　□uei → □ui
となって主母音のoとe
が消えます。

2：発音

V＞E タイプ：口の開きは広から狭へなめらかにスライドします。

```
ai ：āi    lái   mǎi  zài  …lái 来   mǎi 买  zài 在   nǎinai 奶奶
ei ：hēi   shéi  gěi   mèi  …hēi 黑  shéi 谁 gěi 给   mèimei 妹妹
ao ：māo  cháo  hǎo   dào  …māo 猫  hǎo 好  dào 到   lǎolao 姥姥
ou ：zhōu tóu   zǒu   hòu  …tóu 头   gǒu 狗  zǒu 走
```

M＜V タイプ：介音 *M* のひびきが中国語らしい発音の決め手です。

```
ia ：jiā   yá    liǎ   xià  …jiā 家    yá 牙    xià 下
ie ：qiē   bié   yě    xiè  …bié 别    yě 也    xiě 写   jiějie 姐姐
ua ：guā   wá    shuǎ  huà  …huā 花   huà 画
uo ：duō   guó   wǒ    kuò  …duō 多   wǒ 我
üe ：yuē   xué   xuě   lüè  …xué 学   xuě 雪
```

M＜V＞E タイプ：介音 *M* のひびきをここでも十分に聞かせて下さい。

```
iao：biāo  qiáo  xiǎo  yào  …yào 要    xiǎo 小   xiào 笑
iou：yōu   qiú   jiǔ   liù  …qiú 球    yǒu 有    liù 六
```
→□＋iou＝□iu　※声母と結ぶと主母音 o が消える。iᵒu のつもりで発音するとよい。（特に第 3，4 声の発音では o が聞こえる）

```
uai：wāi   huái  guǎi  kuài …kuài 快  huài 坏
uei：wēi   suí   shuǐ  guì  …shuǐ 水   guì 贵
```
→□＋uei＝□ui　※声母と結ぶと主母音 e が消える。uᵉi のつもりで発音するとよい。（特に第 3，4 声の発音では e が聞こえる）

CD1-20
3：基本的文法の練習

(1) 目的語は動詞の後に置きます。それぞれ意味を考えながら次のフレーズを読みなさい。

① Wǒ ài nǐ.（我爱你。）
② Nǐ ài tā.（你爱他。）
③ Shéi ài wǒ？（谁爱我？）
④ xià yǔ（下雨）
⑤ xià xuě（下雪）
⑥ dǎ qiú（打球）
⑦ xiě zì（写字）
⑧ huà huàr（画画儿）
⑨ hē jiǔ（喝酒）
⑩ hē shuǐ（喝水）
⑪ hē chá（喝茶）
⑫ hē kělè（喝可乐）

CD1-21
(2) すでに発音練習で習った下のような動詞を使って肯定，否定それぞれの命令表現を造りなさい。

（例）chī 吃　　{ chī ba!　　吃吧!（お食べなさい！）
　　　　　　　 { bié chī!　　別吃!（食べるな！）

① kū 哭（泣く）
② mǎi 买（買う）
③ zǒu 走（その場を離れる）
④ hē jiǔ 喝酒
⑤ gěi tā 给他
⑥ shuō huà 说话

CD1-22
(3) 次の親族名称を使って置き換え練習を二種類しなさい。

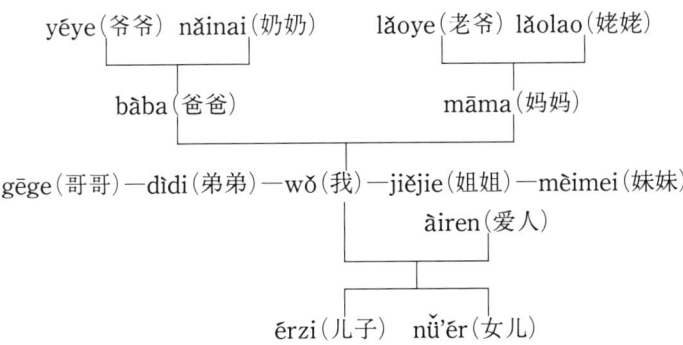

Q1： Tā shì shéi?　　他(她)是谁?
　　　彼(女)はどなたですか？
A1： Tā shì wǒ [gēge].　他(她)是我[哥哥]。
　　　彼(女)は私の[兄]です。

Q2： Nǐ yǒu [gēge] ma?　你有[哥哥]吗?
　　　君は[お兄さん]がいますか？
A2： Wǒ yǒu [gēge].　　我有[哥哥]。
　　　私には[兄]がいます。

VI

Wǒ qù Xiānggǎng. "我去香港"

鼻音韻尾 -n -ng

CD1-23

1 : "-n" と "-ng"

韻尾 *Ending* が "-n, -ng" で終わる音節があります。この違いは主母音の音色にも変化を来たします。

"-n" の発音は舌先を上の前歯のうらにピタッと押しつけて，音の流れをスッパリと断ち切ってしまいます。「あんない(案内)」「はんたい(反対)」の「ん」の要領で。主母音は "-n" にひかれて狭く鋭い音にかたむきます。

"-ng" は舌の付け根を持ち上げて息を口へ入れないで鼻の方へ流します。舌先は力なくたるんでいます。「あんがい(案外)」「けんがく(見学)」の「ん」の要領で。

┌─ a列 ─┐	┌─ e列 ─┐	o列
an ang	en eng	ong
ian iang	in ing	iong
uan uang	uen ueng	
üan	ün	

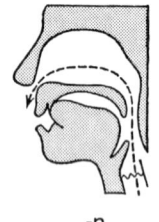
-n

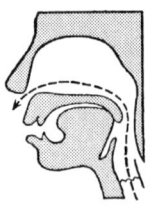
-ng

CD1-24

2：発音

an	: fàn 饭	Xī'ān 西安	
ang	: fàng 放	Shànghǎi 上海	
ian	: yān 烟	Tiānjīn 天津	
iang	: yáng 杨	Xiānggǎng 香港	
uan	: wàn 万	Sìchuān 四川	
uang	: wàng 忘	Guǎngzhōu 广州	
üan	: yuǎn 远	Yǔyánxuéyuàn 语言学院	

> -n か-ng か迷ったら
> 日本語の音読みで
> 「-ン」なら "-n"
> 「-ウ・イ」なら "-ng"
> ウ ン ド ウ ジ ョ ウ
> yùndòngchǎng
> 运 动 场

en	: shēn 深	Shēnzhèn 深圳
eng	: shēng 生	Chéngdū 成都
in	: xìn 信	Jílín 吉林
ing	: xìng 姓	Běijīng 北京
uen	: wèn 问	Kūnmíng 昆明

※ kuen → kun：声母と結ぶと主母音 e が消える。uᵉn のように発音するとよい。(特に第3,4声では e が聞こえる)

ueng	: yìwàn fùwēng 亿万富翁		
ün	: yùn 运	Yúnnán 云南	
ong	: dōng 冬		
	Shāndōng 山东		
iong	: yòng 用		
	Gāoxióng 高雄		

> "Zhāng Guóróng 张国荣"って誰でしょう。実は歌手で俳優のレスリー・チャンです。では "Dèng Lìjūn 邓丽君"は？ そう、テレサ・テンです。ともに "-ng" を含む姓ですが、いずれの発音も日本語カタカナでは正確に表記できません。ついでに、アグネス・チャンは "Chén Měilíng 陈美龄"、ケリー・チャンは "Chén Huìlín 陈慧琳"でこちらは "-n" です。

VI課

CD1-25
発音練習：疑問詞 Q の位置はそのまま答 A の入る位置です。それぞれ中国と日本の地名を使って次の問答を発音しなさい。韻尾の音色に注意！

(1) 問：お宅はどちらですか？
　　答：[西安] にあります。

　　　　　　Nǐ jiā zài nǎr?
　　問：你 家 在 哪儿?
　　　　　　Wǒ jiā zài　↓
　　答：我 家 在 西安。

Běijīng 北京	Tiānjīn 天津
Shànghǎi 上海	Sìchuān 四川
Shāndōng 山东	Yúnnán 云南

(2) 問：どこへ行くの？
　　答：[大阪] へ行きます。

　　　　　　Nǐ qù nǎr?
　　問：你 去 哪儿?
　　　　　　Wǒ qù　↓
　　答：我 去 大阪。

Xiāntái 仙台	Shénhù 神户
Bīnsōng 滨松	Dōngjīng 东京
Nàiliáng 奈良	Héngbīn 横滨

CD1-26
発音練習：次の人称代詞を発音し，覚えなさい。

	単数	複数
1人称	我 wǒ	我们 wǒmen 咱们 zánmen
2人称	你 nǐ 您 nín	你们 nǐmen φ
3人称	他 tā 她 它	他们 tāmen 她们 它们
未定・疑問	谁 shéi (shuí)	φ

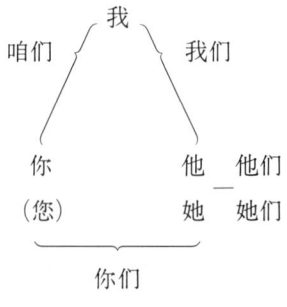

注 *inclusive we* "咱们"：*exclusive we* "我们"
　北方方言では，一人称複数形は聞き手を含む"咱们 zánmen"と含まぬ"我们 wǒmen"として使い分けることができます。ただし，方言によってはこのような区別がみられない場合があります。

Wǒmen shì Běijīngrén, nǐmen shì Shànghǎirén,
我们　是　北京人，　你们　是　上海人，

zánmen dōushì Zhōngguórén.
咱们　都是　中国人。

「我々は北京人で，あなたたちは上海人です。私たちはみな中国人です。」

CD1-27
発音練習：簡単なあいさつ表現を覚えよう。
(1) 三つの「こんにちは！」「ありがとう」
　　Nǐ hǎo ～ Nín hǎo ～ Nǐmen hǎo
　　你 好！　　**您 好**！　　**你们 好**！

　　Xièxie～Xièxie nǐ～Xièxie nín～Xièxie nǐmen
　　谢谢！　谢谢 你！　谢谢 您！　谢谢 你们！

(2) ×先生，こんにちは／お入り下さい／おかけ下さい／さようなら！
　　Wáng lǎoshī, nín hǎo !　　　"王老师，您好！"
　　Zhāng lǎoshī, qǐng jìn !　　"张老师，请进！"
　　Chén lǎoshī, qǐng zuò !　　 "陈老师，请坐！"
　　Jīn lǎoshī, zài jiàn !　　　"金老师，再见！"

英 雄 好 汉

変調，声調の組み合わせ

1：声調符号を付ける優先順位　a＞o, e＞iu, ui

　母音ひとつなら迷わずその上に。

　多重母音の場合，主母音の上につけます。すなわち，a があればその上に，e か o があればその上に，iu（← iou）または ui（← uei）ならば，主母音がピンイン表記の上では消えていますので，後ろの方に声調符号をつける約束です。

CD1-28
発音練習：次の四字句は第 1〜2〜3〜4 声の順に文字が並んでいます。
　それぞれ正しい位置に声調符号をつけ，発音しなさい。

	hua	hong	liu	lü
①	花	红	柳	绿

	shan	ming	shui	xiu
②	山	明	水	秀

	ying	xiong	hao	han
③	英	雄	好	汉

CD1-29
聴取練習：次の四字句の声調を聞き取りなさい。

	shen	mou	yuan	lü
①	深	谋	远	虑

	guang	yin	si	jian
②	光	阴	似	箭

	yi	kou	tong	sheng
③	异	口	同	声

CD1-30
2：第3声の連続による変調

2．1　第3声の字が続くと前の字は第2声に近く読まれます。しかし、声調符号はそのまま第3声のままにしておきます。

　　第3声＋第3声→2＋3
　　① Nǐ hǎo 你好！　　　② lǐxiǎng 理想　　　③ gǔdiǎn 古典
　　④ Rì Zhōng yǒuhǎo 日中友好
　　⑤ Tiān'ānmén guǎngchǎng 天安门广场

2．2　さらに多くの第3声の字が連続すると、繰り上がりで変調していきます。ただし、息（意味）の切れ目次第で変調するブロックが動きます。

　　3＋3＋3：［3＋3］＋3→2＋［3＋3］→2＋2＋3

　　　　zhǎnlǎnguǎn
　　①　展 览 馆

　　　　qǐ　yǒu　cǐ　lǐ
　　②　岂　有　此　理

　　　　Nǐ yǒu shǒubiǎo ma?～Wǒ yǒu shǒubiǎo.
　　③ 你 有　手表　吗？　我　有　手表。
　　「腕時計をお持ちですか？」「持っています。」

　　　　Xiǎo Mǎ yě hěn xiǎng mǎi hǎo lǎojiǔ.
　　④　小　马　也　很　想　买　好　老酒。
　　「馬さんも良い紹興酒を買いたい。」

2．3　本来は第3声である字が軽声である時、前の3声字が変調するかしないか二つのパターンがあります。

　　3＋3→3＋0₃："姐姐 jiějie"型
　　　　　　　　　　……奶奶 nǎinai　姥姥 lǎolao
　　　　　　　　　　　椅子 yǐzi　饺子 jiǎozi
　　3＋3（→2＋3）→2＋0₃："哪里 nǎli"型
　　　　　　　　　　……小姐 xiǎojie　老虎 lǎohu
　　　　　　　　　　　打扫 dǎsao　等等 děngdeng

　なお、以上の変調はすべてピンイン表記の上にはあらわれませんから発音、聞き取りの際には注意が必要です。

CD1-31
発音練習：親しい間柄の知人間では姓(単姓)の前に"老 lǎo，小 xiǎo"を付けて呼びかけることがあります。下に挙げる姓を使って例文の空欄を埋めなさい。第3声の姓の場合は変調に注意。

- 老 lǎo ＋姓：年上あるいは相応の年輩(およそ30歳以上)の親しい知人に対して使う。
- 小 xiǎo ＋姓：自分と同年輩あるいは年下の若く親しい知人との間で使う。

| Zhāng 张 | Wáng 王 | Lǐ 李 | Zhào 赵 |
| Sūn 孙 | Liú 刘 | Mǎ 马 | Cài 蔡 |

1：Yo, lǎo (　), hǎo jiǔ bú jiàn, nín hǎo ma?
　　哟，老(　)，好久不见，您好吗?
　　「やあ，(　)さん，お久しぶりですが，お元気ですか？」

2：Xiǎo (　), kuài lái, nǐ de diàn huà!
　　小(　)，快来，你的电话!
　　「(　)君，はやくおいで，君の電話だよ！」

CD1-32
3：変調　不＋◇

否定の副詞"不 bù"「…ない」は後続字の声調によって"不"自身の声調が変わります。

第1，2，3声の字が続くときは本来の第4声を保ちますが，4声字の前では昇り調の第2声に発音されて続く4声字の特徴である急下がりにそなえます。

また，三音節の中間に入ると軽声に読まれます。

	＋1：	不多 duō	不喝 hē	不吃 chī
bù	＋2：	不来 lái	不学 xué	不骑 qí
	＋3：	不好 hǎo	不买 mǎi	不给 gěi
bú	＋4：	不是 shì	不要 yào	不去 qù

◇＋bu＋◇：好不好 hǎo bu hǎo，对不起 duìbuqǐ，差不多 chàbuduō

CD1-33

4：変調 一 + ◇

数詞の"一 yī"もあらわれる環境によって自身の声調が変わります。

まず，数字を粒読みにしたりそこで言い切るような場合は本来の第1声を保ちます。また，順序を問題にするときも多くは第1声に読まれます。

後ろに第1，2，3声の字が続くときは第4声に発音されます。

第4声の字の前では昇り調の第2声に発音されて続く4声字の特徴である急下がりにそなえます。

三音節の中間に入ると軽声に読まれます。

yī ： 一九九一年 yī jiǔ jiǔ yī nián　一号楼 yī hào lóu
　　　二十一 èrshiyī　第一课 dì yī kè

yì ┌ +1： 一千 qiān　　一些 xiē　　一杯 bēi
　　│ +2： 一年 nián　　一条 tiáo　　一直 zhí
　　└ +3： 一百 bǎi　　一点 diǎn　　一起 qǐ

yí +4： 一万 wàn　　一个 ge (← gè) 一共 gòng　一定 dìng

◇+yi+◇： 看一看 kàn yi kàn　　说一说 shuō yi shuō

CD1-34

発音練習："一"の声調に注意して，次の四字成句を読みなさい。また，その意味を辞書で調べなさい。

① 一路平安　yi lù píng ān
② 一言为定　yi yán wéi dìng
③ 一举两得　yi jǔ liǎng dé
④ 一衣带水　yi yīdài shuǐ
⑤ 一见钟情　yi jiàn zhōng qíng
⑥ 一心一意　yi xīn yi yì
⑦ 千篇一律　qiān piān yi lǜ
⑧ 九牛一毛　jiǔ niú yi máo

CD1-35
5：声調の組み合わせ

	-1	-2	-3	-4	-0
1-	fēijī 飞机	Zhōngguó 中国	qiānbǐ 铅笔	tiānqì 天气	dōngxi 东西
2-	jiéhūn 结婚	rénmín 人民	cídiǎn 词典	yúkuài 愉快	péngyou 朋友
3-	lǎoshī 老师	xiǎoxué 小学	lǐxiǎng 理想	kǎoshì 考试	yǐzi 椅子
4-	qìchē 汽车	miàntiáo 面条	kèběn 课本	diànhuà 电话	xièxie 谢谢

VIII

好好儿学习，天天向上。

R 化

CD1-36
1：そり舌母音 "er"
"e" を発音した直後に舌先をちょいとそり上げます。
èr yuè 二月　　ērzi 儿子　　nǚ'ér 女儿　　ěrduo 耳朵

CD1-37
2：接尾辞 "-儿 -r"
　単語に接尾辞 "-儿-r" が付くと韻母の発音に影響が生じます。舌先のそり上げとあいいれないものは容赦なく落としていくという原則です。ただし，ピンイン表記上は r を加えるだけですから発音の変化に注意がいります。

(A) 韻尾-i，-n は脱落して，主母音に引き続いて R 化が生じる。
　　一块儿　yíkuài＋er＝yíkuàir（yíkuàr）　　一緒
　　一点儿　yìdiǎn＋er＝yìdiǎnr（yìdiǎr）　　少し
　　玩儿　　wán＋er＝wánr（wár）　　遊ぶ
　　慢慢儿　mànman＋er＝mànmānr（mànmār）　ゆっくり

(B) 韻尾-ng は脱落して，主母音が鼻音化する。（ ̃で示す。）
　　信封儿　xìnfēng＋er＝xìnfēngr（xìnfẽr）　　封筒
　　有空儿　yǒu kòng＋er＝yǒu kòngr（kõr）　　暇がある

(C) その他の場合，音節末に -r が添加される。
　　花儿　　huā＋er＝huār　　　花
　　一下儿　yíxià＋er＝yíxiàr　　ちょっと
　　好好儿　hǎohāor　　　　　　ちゃんと

VIII 課　29

画画儿	huà huàr	絵を描く
唱歌儿	chàng gēr	歌を歌う
干活儿	gàn huór	仕事をする

CD1-38
発音練習：名詞につく接尾辞"-儿-r"は愛らしいもの，小さい少ないものというニュアンスを伝えます。音節末の発音変化に注意して次の単語を読みなさい。

(1) 小～儿
①小孩儿 xiǎoháir　②小虫儿 xiǎochóngr　③小猫儿 xiǎomāor
④小鸟儿 xiǎoniǎor　⑤小刀儿 xiǎodāor　⑥小人儿书 xiǎorénr shū

(2) 一～儿
①一点儿 yìdiǎnr　②一会儿 yíhuìr、yìhuǐr　③一边儿 yìbiānr
④一下儿 yíxiàr　⑤一块儿 yíkuàir　⑥一半儿 yíbànr

CD1-39
発音練習：形容詞は重なると生き生きとしたニュアンスを帯び，発音も第二音節が第1声に変わって韻尾がR化します。次の文を読みなさい。(☞17課)

①好 hǎo～好好儿 hǎohāor　：好好儿 学习，天 天 向 上。
　　　　　　　　　　　　　　　hǎohāor xuéxí tiāntiān xiàng shàng
「良い」「良ーく，ちゃんと」：「しっかり勉強して，日に日に向上しよう」

②慢 màn～慢慢儿 mànmānr　：下雨 了，您 慢慢儿 走！
　　　　　　　　　　　　　　　xiàyǔ le nín mànmānr zuǒ
「遅い」「ゆっくり，のんびり」：「雨になりましたから，気をつけてお帰りください。」

CD1-40
発音練習：空間の指示詞は"这儿 zhèr：那儿 nàr（ここ，そこ，あそこ）：哪儿 nǎr（どこ）"と R 化します。次の対話を読みなさい。（☞9課）

A：Qǐngwèn, zhèr shì yóujú ma?
请问，这儿 是 邮局 吗？
「お伺いしますが，こちらは郵便局でしょうか？」

B：Búshì, zhèr búshì yóujú, zhèr shì diànhuàjú.
不是，这儿 不是 邮局，这儿 是 电话局。
「いいえ，ここは郵便局ではありません，電話局です。」

A：Shìma? yóujú zài nǎr?
是吗？ 邮局 在 哪儿？
「そうですか，郵便局はどこにありますか？」

B：Zài nàr. Nǐ gēn wǒ lái ba.
在 那儿。你 跟 我 来 吧。
「あそこにあります。私についていらっしゃい。」

A：Xièxie nín.
谢谢 您。
「どうもありがとう。」

B：Bú xiè.
不 谢。
「どういたしまして。」

CD1-41
発音練習：発音の仕上げを兼ねて，1から100まで中国語で数えよう。

注意　99までは日本語と同じ要領で読めばよいが，三音節の真ん中に入る"十"は軽く読みます（"十̊"）。

yī	èr	sān	sì	wǔ	liù	qī	bā	jiǔ	shí
一	二	三	四	五	六	七	八	九	十
十一	十二	十三	十四	十五	十六	十七	十八	十九	二十
二十̊一	二十̊二	二十̊三	二十̊四	二十̊五	二十̊六	二十̊七	二十̊八	二十̊九	三十
三十̊一	三十̊二	三十̊三	三十̊四	三十̊五	三十̊六	三十̊七	三十̊八	三十̊九	四十
四十̊一	四十̊二	四十̊三	四十̊四	……					
……							八十̊八	八十̊九	九十
九十̊一	九十̊二	九十̊三	九十̊四	九十̊五	九十̊六	九十̊七	九十̊八	九十̊九	yìbǎi 一百

CD1-42
発音練習：地図で位置を確認しながら，中国の行政区（23省 shěng，5自治区 zìzhìqū，4直轄市 zhíxiáshì，2特別行政区 tèbié xíngzhèngqū）を中国語で発音しなさい。

区划	行政区名	省会或首府	其他城市
东北	Hēilóngjiāng 黑龙江省（黑）	Hā'ěrbīn 哈尔滨	Qíqíhā'ěr Dàqìng 齐齐哈尔 大庆
	Jílín 吉林省（吉）	Chángchūn 长春	Yánjí Jílín 延吉 吉林
	Liáoníng 辽宁省（辽）	Shěnyáng 沈阳	Dàlián Dāndōng 大连 丹东
华北	Běijīng 北京市（京）		
	Tiānjīn 天津市（津）		
	Héběi 河北省（冀）	Shíjiāzhuāng 石家庄	Chéngdé Tángshān 承德 唐山
	Shānxī 山西省（晋）	Tàiyuán 太原	Dàtóng 大同
	Nèiměnggǔ 内蒙古自治区（内蒙古）	Hūhéhàotè 呼和浩特	Bāotóu 包头
西北	Shǎnxī 陕西省（陕・陇）	Xī'ān 西安	Xiányáng Bǎojī 咸阳 宝鸡
	Gānsù 甘肃省（甘・陇）	Lánzhōu 兰州	Tiānshuǐ 天水
	Qīnghǎi 青海省（青）	Xīníng 西宁	Gé'ěrmù 格尔木
	Xīnjiāng 新疆维吾尔自治区（新）	Wūlǔmùqí 乌鲁木齐	Tǔlǔfān 吐鲁番
	Níngxià 宁夏回族自治区（宁）	Yínchuān 银川	Shízuǐshān 石嘴山
华东	Zhèjiāng 浙江省（浙）	Hángzhōu 杭州	Shàoxīng Wēnzhōu 绍兴 温州
	Jiāngxī 江西省（赣）	Nánchāng 南昌	Jiǔjiāng 九江
	Fújiàn 福建省（闽）	Fúzhōu 福州	Xiàmén Quánzhōu 厦门 泉州
	Ānhuī 安徽省（皖）	Héféi 合肥	Wúhú Huángshān 芜湖 黄山

	Shāndōng 山东省（鲁）	Jǐnán 济南	Qīngdǎo Qūfù 青岛　曲阜
	Jiāngsū 江苏省（苏）	Nánjīng 南京	Sūzhōu Xúzhōu 苏州　徐州
	Shànghǎi 上海市（沪）		
中南	Hénán 河南省（豫）	Zhèngzhōu 郑州	Kāifēng Luòyáng 开封　洛阳
	Húběi 湖北省（鄂）	Wǔhàn 武汉	Xiāngfán Yíchāng 襄樊　宜昌
	Húnán 湖南省（湘）	Chángshā 长沙	Yuèyáng Sháoshān 岳阳　韶山
	Guǎngxī 广西壮族自治区（桂）	Nánníng 南宁	Guìlín Liǔzhōu 桂林　柳州
	Guǎngdōng 广东省（粤）	Guǎngzhōu 广州	Shēnzhèn Zhūhǎi 深圳　珠海
	Hǎinán 海南省（琼）	Hǎikǒu 海口	Sānyà 三亚
	Chóngqìng 重庆市（渝）		
	Xiānggǎng 香港（港）		
	Àomén 澳门（澳）		
西南	Sìchuān 四川省（川）	Chéngdū 成都	Xīchāng 西昌
	Guìzhōu 贵州省（贵·黔）	Guìyáng 贵阳	Zūnyì 遵义
	Yúnnán 云南省（云·滇）	Kūnmíng 昆明	Dàlǐ 大理
	Xīzàng 西藏自治区（藏）	Lāsà 拉萨	Rìkāzé 日喀则
	Táiwān 台湾省	Táiběi 台北	Táizhōng Gāoxióng 台中　高雄

PART 2

初級編

1

Wáng lǎoshī, nín hǎo!
王 老师，您 好！

> 1課では基本的なあいさつなどを学びながら正確な発音・声調を文全体のリズムの中で実現できるよう練習します。
> 課文は山田君が王先生宅を訪ねる場面です。

CD1-43

kèwén 课文 A=李 丽华 B=山田 雅秀 C=王老师

A¹: Shéi ya?
谁 呀？

B¹: Qǐngwèn, zhè shì Wáng lǎoshī jiā ma?
请问， 这 是 王 老师 家 吗？

A²: Shì a, nǐ shì shéi?
是 啊，你 是 谁？

B²: Wǒ shì tā de xuésheng. Wǒ jiào Shāntián Yǎxiù.
我 是 他 的 学生。 我 叫 山田 雅秀。

Wáng lǎoshī zài jiā ma?
王 老师 在 家 吗？

A³: Tā zài jiā. Qǐng jìn!
他 在 家。 请 进！

Wáng lǎoshī, Shāntián tóngxué lái le.
王 老师， 山田 同学 来 了。

B³: Wáng lǎoshī, nín hǎo!
　　王　老师，您　好!

C¹: Nǐ hǎo,　nǐ hǎo!　Zhè shì wǒ àiren Lǐ Lìhuá.
　　你 好，　你 好!　 这　是　我　爱人　李　丽华。

B⁴: Nín hǎo!
　　您　好!

A⁴: Nǐ hǎo!　Qǐng zuò.　Qǐng hē chá.
　　你 好!　请　坐。　 请　喝 茶。

B⁵: Xièxie.
　　谢谢。

A⁵: Búyào kèqi.　Qǐng suíbiàn.
　　不要　客气。　请　随便。

　　…………
　　…………

B⁶: Lǎoshī, wǒ zǒu le, zàijiàn!
　　老师，我　走 了，再见!

C²: Zàijiàn, yǒu kòngr zài lái ba.
　　再见，　有　空儿　再　来 吧。

判断を表す"是 shì"

（文例）B¹：这**是**王老师家吗？
　　　　A²～B²：你**是**谁？～我**是**他的学生。
　　　　C¹：这**是**我爱人李丽华。

"A 是 B。"は「A は B である。」という話し手の判断を表す文型です。普通，文中の動詞"是"は軽く読まれます。重く読むと「確かに、間違いなく……である」という強調のニュアンスが生じます。

否定形は"A 不是 búshì B。"「A は B でない。」となります。

1 課　37

文末のムード助詞:"吗 ma","吧 ba","啊 a"

ムード助詞は文末に添えられて,話し手の心持ちを伝え,文のニュアンスに彩りを加えます。多くは口偏の字が当てられ,すべて軽声に読みます。

吗 ma ⇨問いかけ
1　Nǐ shēntǐ hǎo ma? 你身体好吗? （お元気ですか?）
吧 ba ⇨推量による念押し,誘いかけ,打診
2　Nǐ shēntǐ hǎo ba? 你身体好吧? （お元気でしょ?）
啊 a ⇨軽い感動,疑問,命令
3　Nǐ shēntǐ hǎo a! 你身体好啊! （お元気ですなあ!）

> 比較

（i）　是吗? （そうですか?）
（ii）　是吧?! （そうでしょ）
（iii）　是啊! （そうだよ）

（iv）　Nín shì Wáng lǎoshī ma? 您是王老师吗?
　　　　　　　　　　　　　　　（王先生ですか?）

（v）　Nín shì Wáng lǎoshī ba? 您是王老师吧?
　　　　　　　　　　　　　　　（王先生ですね?）

（vi）　Wǒmen zǒu ma? 我们走吗? （私たち行きますか?）
（vii）　Mànmānr zǒu ba? 慢慢儿走吧!
　　　　　　　　　　　　　（ゆっくり行きましょうよ!）

CD1-44
基本表現：あいさつはコミュニケーションの潤滑油。常用表現を覚えて使ってみよう。

こんにちは！
　1　你好 Nǐ hǎo！
　2　您好 Nín hǎo！
　3　你们好 Nǐmen hǎo！

お早う！　今晩は！
　4　早上好 Zǎoshang hǎo！
　5　晚上好 Wǎnshang hǎo！

どうぞ……！
　6　请进 Qǐng jìn！
　7　请坐 Qǐng zuò！
　8　请随便 Qǐng suíbiàn！

ありがとう！
　9　谢谢 Xièxie！
　10　多谢 Duōxiè！
　11　非常感谢 Fēicháng gǎnxiè！

ご遠慮なく！　おかまいなく！
　12　不要客气 Búyào kèqi！

さようなら！
　13　再见 Zàijiàn！
　14　明天见 Míngtiān jiàn！
　15　北京见 Běijīng jiàn！

2

Nín shì nǎ guó rén?
您是哪国人？

> 2課では国籍，姓名の尋ね方と答え方を学びながら発音練習の完成を目指します。
> 課文は杜燕さんと高木愛さん二人の出会いの場面です。

CD1-45

kèwén 课文　　A＝杜　燕　　B＝高木　爱

A¹: Qǐngwèn, nín shì nǎ guó rén?
　　请问，您是哪国人？

B¹: Wǒ shì Rìběnrén.　Nín shì Zhōngguórén ba?
　　我是日本人。　您是中国人吧？

A²: Shì de, wǒ shì Zhōngguórén.
　　是的，我是中国人。

B²: Nín shì Zhōngguó shénme dìfang rén?
　　您是中国什么地方人？

A³: Wǒ shì Tiānjīnrén. Wǒ shì Běijīng Dàxué Zhōngwénxì
　　我是天津人。我是北京大学中文系

　　de yánjiūshēng.
　　的研究生。

B³: Nín guìxìng?
　　您贵姓？

A[4]: Wǒ xìng Dù, shì Dù Fǔ de Dù, jiào Dù Yàn.
　　 我　姓　杜，是　杜　甫　的　杜，叫　杜　燕。

　　 Nín jiù jiào wǒ Xiǎo Dù ba.
　　 您　就　叫　我　小　杜　吧。

　　 Nín jiào shénme míngzi?
　　 您　叫　什么　名字？

B[4]: Wǒ jiào Gāomù Ài, shì Dàbǎn Wàiguóyǔ Dàxué de
　　 我　叫　高木　爱，是　大阪　外国语　大学　的

　　 xuésheng. Wǒ xuéxí Hànyǔ.
　　 学生。　我　学习　汉语。

A[5]: Rènshi nǐ, wǒ hěn gāoxìng.
　　 认识　你，我　很　高兴。

B[5]: Xiǎo Dù, rènshi nín, wǒ yě hěn gāoxìng.
　　 小　杜，认识　您，我　也　很　高兴。

　　 Yǐhòu, qǐng nín duōduō bāngzhù!
　　 以后，请　您　多多　帮助！

A[6]: Wǒmen shuōhuà búyòng "nín", háishi yòng "nǐ" ba.
　　 我们　说话　不用　"您"，还是　用　"你"　吧。
　　　　　　　　　　　　　　　　　　　　　（还是 ☞20課）
B[6]: Hǎo ba.
　　 好　吧。

姓名の尋ね方・答え方
基本表現
姓の聞き方と答え方：

(1) Q：Nín guìxìng?　　　您贵姓？
　　 A：Wǒ xìng (　　).　我姓(　　)。

(2) Q：Tā xìng shénme?　他/她姓什么？
　　 A：Tā xìng (　　).　他/她姓(　　)。

2課　41

フルネームの聞き方と答え方：
(3) Q：Nǐ/Tā jiào shénme míngzi？　你/他/她叫什么名字？
　　A₁：Wǒ/Tā jiào(　　　　).　我/他/她叫(　　　　)。
　　A₂：Wǒ/Tā xìng(　　　)，　我/他/她姓(　　　)，
　　　　 míngzi jiào(　　　).　　名字叫(　　　)。

CD1-46
発音練習
1：姓の練習
　　①张 Zhāng　　②昌 Chāng　　③常 Cháng
　　④王 Wáng　　⑤汪 Wāng　　⑥翁 Wēng
　　⑦李 Lǐ　　　⑧吕 Lǚ　　　⑨鲁 Lǔ
　　⑩司马 Sīmǎ　⑪诸葛 Zhūgě　⑫欧阳 Ōuyáng

　　A：请问，您贵姓？
　　B：我姓(　　)。
　　A：(　　)先生 xiānsheng，认识您，我很高兴。
　　B：我也很高兴。

CD1-47
2：姓名の練習
　　　（男性）　　　　　　　　（女性）
　　①成　龙　Chéng Lóng　　⑥巩　俐　Gǒng Lì
　　②谢　晋　Xiè Jìn　　　　⑦邓　丽君　Dèng Lìjūn
　　③陈　凯歌　Chén Kǎigē　⑧王　菲　Wáng Fēi
　　④高仓　健　Gāocāng Jiàn　⑨山口　百惠　Shānkǒu Bǎihuì
　　⑤田中　角荣 Tiánzhōng Jiǎoróng　⑩酒井　法子 Jiǔjǐng Fǎzǐ

　　Q：他/她叫什么名字？
　　A：他/她姓(　　)，名字叫(　　　)。

"您是哪国人？"「お国はどちらですか？」

基本表現：次の国名を発音し，（　）に入れて練習しなさい。

　　　　　　※也 yě（副詞）　……も同じように……
　　　　　　　都 dōu（副詞）　……は全て例外無く……　☞3課

CD1-48

①美国 Měiguó　　②英国 Yīngguó　　③法国 Fǎguó
④德国 Déguó　　⑤日本 Rìběn　　　⑥蒙古 Měnggǔ
⑦印度 Yìndù　　⑧越南 Yuènán　　⑨新加坡 Xīnjiāpō
⑩西班牙 Xībānyá　⑪意大利 Yìdàlì　⑫俄罗斯 Éluósī

A：你是哪国人？　　　「あなたのお国はどちらですか？」
B：我是（　　）人。　「わたしは（　　）人です。」
A：他也是（　　）人吧？「彼も（　　）人ですね？」
B：对 duì，我们都是（　　）人。「ええ，我々共に（　　）人です。」

CD1-49

発展1：上に挙げた国の首都を中国語で言うと：

①华盛顿 Huáshèngdùn ②伦敦 Lúndūn　③巴黎 Bālí
④柏林 Bólín　　⑤东京 Dōngjīng　⑥乌兰巴托 Wūlánbātuō
⑦新德里 Xīndélǐ　⑧河内 Hénèi　　⑨新加坡 Xīnjiāpō
⑩马德里 Mǎdélǐ　⑪罗马 Luómǎ　　⑫莫斯科 Mòsīkē

となります。カタカナを使える日本語と違って，中国語では外国の地名・人名とも漢字表記になります。ぜひ中国発行の世界地図や地球儀を手に入れて中国語による地名探訪の旅をしてみてください。

CD1-50

発展2：上に挙げた国の言葉を中国語で言うと：

①②英语 Yīngyǔ　　　　　　　　③法语 Fǎyǔ
④德语 Déyǔ　　⑤日语 Rìyǔ　　⑥蒙古语 Měnggǔyǔ
⑦印地语 Yìndìyǔ　⑧越南语 Yuènányǔ　⑨（华语 Huáyǔ）
⑩西班牙语 Xībānyáyǔ ⑪意大利语 Yìdàlìyǔ ⑫俄语 Éyǔ

―― 「中国語」を中国語で言うと ――

汉语 Hànyǔ：文字通りには漢民族(汉族 Hànzú)の言語。狭義では，話しことばとしての中国語というニュアンスが濃い。

中文 Zhōngwén：文字化された書きことばとしての中国語というニュアンスで使われる。

普通话 pǔtōnghuà：「普(あまね)く通じる言葉」，すなわち中国の共通語として規定されたことば。

华语 Huáyǔ：東南アジアや華僑社会での呼称。

國語 guóyǔ：台湾での呼称。

官话 guānhuà：旧時の官僚共通語。*Mandarin* は"满大人 mǎn dàrén"(満州族のお役人)の英語なまり，あるいは明朝期に大航海時代の西洋人(たとえばポルトガル人)が中国の宮廷における高官のことばを指して言ったもの。

CD1-51
発展3："他们都是谁？"次の人々はいったい誰でしょうか？

1　贝多芬 Bèiduōfēn
2　莫扎特 Mòzhātè
3　柴可夫斯基 Cháikěfūsījī
4　肖邦 Xiāobāng
5　巴赫 Bāhè
6　毕加索 Bìjiāsuǒ
7　迪斯尼 Dísīní
8　比尔・凯茨 Bǐ'ěr Kǎicí
9　惠特尼・休斯顿 Huìtèní Xiūsīdùn
10　阿兰・德龙 Ālán Délóng

応用練習：課文を参考にして次の対話を中国語に訳しなさい。
C：すいません，中国のかたですか？
D：ええ，私は留学生（留学生 liúxuéshēng）です。日本語を勉強しています。
C：ご出身は中国のどちらですか？
D：北京です。私は北京外国語大学の院生です。
C：お名前は何とおっしゃいますか？
D：王と申します。名前は秀麗といいます。あなたのお名前は？
C：私は木田雅文といいます。お知り合いになれてうれしいです。
D：私もうれしく思います。

3

Nǐ jiā zài nǎr?
你家在哪儿？

> 3課では質問と疑問の表現法，副詞 "也 yě" "都 dōu" の用法について学びます。
> 課文はヨハン（ジョン）君と伊藤君が中国語を使って会話するという設定です。

CD1-52

kèwén 课文　A＝约翰 Yuēhàn　B＝伊藤 忠夫

A¹: Yīténg, nǐjiā zài nǎr?
　　伊藤，你家在哪儿？

B¹: Wǒjiā zài Dōngjīng. Dōngjīng shì Rìběn de shǒudū,
　　我家在东京。东京是日本的首都，

　　yěshì Rìběn zuìdà de gōngyè chéngshì.
　　也是日本最大的工业城市。

A²: Jiāli dōu yǒu shénme rén?
　　家里都有什么人？

B²: Yǒu bàba、māma、nǎinai、gēge、mèimei hé wǒ,
　　有爸爸、妈妈、奶奶、哥哥、妹妹和我，

　　yígòng liù kǒu rén.
　　一共六口人。

A³: Nǐ bàba shì gōngsī zhíyuán ma?
　　你爸爸是公司职员吗？

B³: Búshì, wǒ bàba búshì gōngsī zhíyuán.
不是，我爸爸不是公司职员。

　　Tā shì zhōngxué lǎoshī.
　　他是中学老师。

A⁴: Nǐ gēge zuò shénme gōngzuò?
你哥哥做什么工作？

B⁴: Wǒ gēge yěshì zhōngxué lǎoshī.
我哥哥也是中学老师。

A⁵: Shì ma?
是吗？

B⁵: Shì de, wǒ bàba hé gēge dōushì zhōngxué lǎoshī.
是的，我爸爸和哥哥都是中学老师。

A⁶: Nǐ mèimei jīnnián duōdà?
你妹妹今年多大？

B⁶: Shíjiǔ suì.
十九岁。

A⁷: Tā shìbushì dàxuéshēng?
她是不是大学生？

B⁷: Búshì, tā qùnián gāozhōng bìyè, yǐjing gōngzuò le.
不是，她去年高中毕业，已经工作了。

A⁸: Nǐ māma ne?
你妈妈呢？

B⁸: Tā bù gōngzuò, zài jiā.
她不工作，在家。

副詞"也""都"

　　副詞は連用修飾専門の品詞です。すなわち，用言（動詞・形容詞など）の前にだけあらわれる（＝用言の前にしかあらわれない）ことばです。

　　常用の副詞"也 yě"は日本語の「も」に似て類似項が並存することを示します。ただし，"我也学习中文。Wǒ yě xuéxí zhōngwén."という文は，コンテクスト次第で「私も中国語を学ぶ」「私は中国語も学ぶ」「私は中国語を学びもする」などを意味しえます。というのも，"也"はあくまでも副詞であるために文内では動詞"学习 xuéxí"の前にしか入れないのです。

　　同じく常用される副詞"都 dōu"は事物を総括して「皆すべて例外なく…」という意味を示します。ただし，総括される対象は文の中で"都"の前方になくてはいけません。たとえば"他们都是中学老师。"という具合です。

　　注意が要るのは「北京と上海どちらにも行く。」という文では「北京，上海」の二名詞を SVO の目的語 O の位置から引き上げて"北京和上海我都去。Běijīng hé Shànghǎi wǒ dōu qù."という語順にしないと成立しません。（＊我都去北京和上海。）

　　なお，該当するものを列挙させる疑問文に限ってこのルールが解除されます。課文の"家里都有什么人？"という文がその例です。

並立の副詞 **"也"**；総括の副詞 **"都"**
1　我爸爸　　是中学老师，　　2　小王　　　不喝酒，
　　我哥哥　也是中学老师，　　　　小李　也　不喝酒，
　　他们　　都是中学老师。　　　　她们　都　不喝酒。（全部否定）

文法練習：次の各文に"也"を入れて表現しなさい。
(1)　我　姓　山田。
(2)　他　不是　中国人。
(3)　他们　都　认识　你。
(4)　她们　都　不　喝　酒。

借文練習：aの読みをピンインで記し，bを中国語に訳しなさい。
  a：杜甫是大诗人，李白也是大诗人，杜甫和李白都是大诗人。
  b：イギリス人は英語を話します，アメリカ人も英語を話します，
   イギリス人とアメリカ人は共に英語を話します。

二つの否定：

"不"＋"都"＋述語：部分否定：全てが…というわけではない。
(1)我们**不都是**中学老师，她是小学老师。
"都"＋"不"＋述語：全部否定：全て…ではない。
(2)我们**都不是**老师，我是学生，他是公司职员，她是护士 hùshi。

疑問表現：「疑い」と「問いかけ」

中国語の疑問表現は「疑い」文と「問いかけ」文に大別できます。

「問いかけ」	Ⅰ."吗"型質問文 Ⅱ."呢"型承前文	你好吗？ 你妈妈呢？	Nǐ hǎo ma？ Nǐ māma ne？
「疑い」	Ⅲ.V 不 V 型 Ⅳ.疑問詞型 Ⅴ.A or B 型☞8課	你来不来？ 你吃什么？ 你来还是他来？	Nǐ lái bu lái？ Nǐ chī shénme？ Nǐ lái háishi tā lái？

Ⅰ."吗"型質問文："平叙文＋吗？"

 問1：　　|他是中国人|吗？
 答1：*Yes*　是/对 duì，他是中国人。
   No　不(是)，　他不是中国人。

Ⅱ."呢"型承前文："名詞＋呢？"

ムード助詞"呢 ne"は，名詞の後に付いて，話しの流れや場面を承けた省略疑問表現を造ります。コンテクストに支えられた「問いかけ」文です。

  |你妈妈|呢？

A：我喝啤酒 píjiǔ，你**呢**？（⇨你喝什么？）
B：我也喝啤酒。
C：我的帽子**呢**？（⇨我的帽子在哪儿？）
D：在这儿。

一方,「疑い」文とは話し手の頭の中で答えが一つに定まらない未定のありさまを表現した文です。「疑い」(未定)文は,更に大きな文の中に入って,動詞の目的語や名詞の修飾語になったりすることができます。

Ⅲ. まず,V 不 V(肯否)型の「疑い」文を見ましょう。
　　問 2：　　　Q1：他　是　中国人
　　　　　　＋)Q2：他 不是 中国人
　　　　　　―――――――――――
　　　　　　V 不 V 型：他**是不是**中国人？
　　答 2：Yes　　　他是中国人。
　　　　　No　　　 他不是中国人。

問 2 は,肯定の"是(中国人)"「中国人である」と否定の"不是(中国人)"「中国人でない」の二つの可能性の内いずれであるのか五分五分で答えが定まらないという未定状態を伝えています。問 1 と問 2 はたまたま同じような疑問表現に見えますが,発想の内実には差があります。

文法練習：次の各フレーズを V 不 V 型の疑問文にしなさい。
　　(例)在家　　　→王老师在不在家？
　　(1)　是公司职员→
　　(2)　是中国首都→
　　(3)　喝日本茶　→
　　(4)　姓李　　　→
　　(5)　说汉语　　→

　　(例)很好　　　→他身体好不好？
　　(1)　很大　　　→
　　(2)　很好吃　　→
　　(3)　很高兴　　→

Ⅳ．次に，疑問詞を用いた「疑い」文を見ましょう。

　このタイプの「疑い」文では，疑問詞のある部分に答えを穴埋めする要領で問答が成立します。

　　　　問３：你家在 哪儿 ?
　　　　　　　　↓
　　　　答３：我家在 东京 。

　　　　問４：你是 谁 ?
　　　　　　　　↓
　　　　答４：我是 他的学生 。

疑問詞		未定箇所	例　　文
谁	shéi	人	这是**谁**的书? （これは誰の本ですか？）
哪 哪个	nǎ nǎge něige	モノ	你是**哪**国人? （あなたは何人なにじんですか？） **哪**个是你的? （どれが君のですか？）
什么	shénme	モノ・コト	你叫**什么**名字? （あなたはどんな名前ですか？）
哪儿 哪里	nǎr nǎli	トコロ	你去**哪儿**? （どこへ行きますか？） 您家在**哪里**? （お宅はどちらですか？）
几 多少	jǐ duōshao	数 ☞ 5課	你们有**几**个孩子? （子供は何人ですか？） **多少**钱一个? （ひとついくらですか？）
怎样 怎么 怎么样	zěnyàng zěnme zěnmeyàng	状況・方法	**怎样**的方法? （どんなやりかた？） 你的名字**怎么**写? （君の名前はどう書きますか？） 喝啤酒**怎么样**? （ビールを飲むのはどうですか？）
为什么 wèishénme		原因・目的	**为什么**日本人爱喝乌龙茶? （日本人はなぜウーロン茶が好きなの？）
怎么	zěnme	原因の詰問 ☞ 8課	你**怎么**不知道? （どうして知らないんだ？）

3課　51

> 文型比較

Ⅰ 「疑い」(未定)表現の問2,問3は自立せずに文の中へ入ることができます。一方,「問いかけ」文はそれができません。(＊は成立しない文を示す。)

　　1 ＊我不知道他是中国人吗。
　　2 　我不知道他是不是中国人。(彼が中国人かどうか知りません。)
　　3 　我不知道他是哪国人。　　(彼が何人なにじんか知りません。)

Ⅱ 副詞"也"や"都"は「問いかけ」文にしか使えません。
　　1 　他也是中国人吗?　　　(彼も中国人ですか?)
　　2 ＊他也是不是中国人?
　　3 ＊他也是哪国人?

Ⅲ 「疑い」(未定)表現を更に"吗""呢"の「問いかけ」ムード助詞で包むことができます。
　　你吃什么吗?　(何か食べますか?)
　　你吃什么呢?　(何を食べるのかね?)

発音練習："(你)多大?"は英語の"How old (are you)?"にあたります。次の組み合わせを読んで訳しなさい。
　　(1) 多高 duō gāo?　　　(2) 多长 duō cháng?
　　(3) 多久 duō jiǔ?　　　(4) 多宽 duō kuān?
　　(5) 多重 duō zhòng?　　(6) 多少 duōshao?

作文練習：次のA文を中国語に訳し,対話を完成しなさい。
　A1：私はうどん(面条 miàntiáo)を食べますが,あなたは？
　B1：我吃面包 miànbāo。
　A2：私のお箸(筷子 kuàizi)は？
　B2：在这儿。

借文練習：a文の「疑い」（未定）とb文の「問いかけ」の違いに注意して訳しなさい。

1a：你们有什么问题？
1b：你们有什么问题吗？

2a：你姐姐是不是高中生？
2b：彼女のお姉さんが高校生かどうか、私は知らない。

応用練習：課文を参考にして次の対話を中国語に訳しなさい。
C：田中さん（先生 xiānsheng），お宅はどちらですか？
D：わが家は京都（Jīngdū）にあるんです。
C：お子さん（孩子 háizi）はいらっしゃいますか？
D：息子が二人（两个儿子 liǎngge érzi）います，どっちも小学生です。あわせて四人家族です。
C：奥さんは？
D：家内も会社員をしています。
C：奥さんもお忙しいでしょう？
D：ええ，彼女も忙しいです。

標点符号（中国語の句読点）

。：句号 jùhào
，：逗号 dòuhào
、：顿号 dùnhào（並列する項の間に入れる）
：：冒号 màohào（次に文形式が来るとき）
？：问号 wènhào
！：感叹号 gǎntànhào
"…"：引号 yǐnhào
《…》：书名号 shūmínghào

4

Zhè shì shénme shū?
这 是 什么 书？

> 4課では介詞という新しい品詞について練習します。また，疑問詞 "什么 shénme"，所有の助詞 "的 de" の用法を学び，指示代詞の語彙をさらに増やします。
>
> 課文では，松本さんが陳さんにどうやら秘密を嗅ぎつけられてしまったようです。

CD1-53

kèwén 课文　A＝陈 翠　B＝松本 缘

A¹: Sōngběn, zhè shì shénme shū?
　　松本， 这 是 什么 书？

B¹:《Sān guó yǎn yì》.
　　《三 国 演 义》。

A²: Zhè shì nǐ de shū ma?
　　这 是 你 的 书 吗？

B²: Bù, zhè búshì wǒ de shū, shì Zhāng Mǐn de.
　　不， 这 不是 我 的 书， 是 张 敏 的。

A³: Zhāng Mǐn shì shéi? Wǒ bú rènshi.
　　张 敏 是 谁？ 我 不 认识。

B³: Tā shì wǒ de Zhōngguó péngyou.
　　他 是 我 的 中国 朋友。

　　Tā hěn xǐhuan kàn shū.
　　他 很 喜欢 看 书。

A⁴: Tā zuò shénme gōngzuò?
　　他 做 什么 工作？

B⁴: Tā shì dàifu, zài Hóngshízì yīyuàn gōngzuò.
　　他 是 大夫，在 红十字 医院 工作。

A⁵: Nǐmen chángcháng jiànmiàn ma?
　　你们 常常 见面 吗？

B⁵: Tā hěn máng, wǒmen bù cháng jiànmiàn.
　　他 很 忙， 我们 不 常 见面。

　　Wǒ chángcháng gěi tā xiě xìn.
　　我 常常 给 他 写 信。

A⁶: Xiě xìn? Shìbushì xiě qíngshū?
　　写 信？是不是 写 情书？

B⁶: Xiǎo Chén, nǐ zhēnshì……
　　小 陈， 你 真是……

A⁷: Nǐ yòng Rìwén xiě xìn ma?
　　你 用 日文 写 信 吗？

B⁷: Tā bú huì Rìyǔ, wǒ yòng Zhōngwén xiě xìn.
　　他 不 会 日语，我 用 中文 写信。

疑問詞 "什么 shénme"

疑問詞 "什么"（「なに？」）とその答えは穴埋めの関係にあります。

(1) Q：这是<u>什么</u>？　　　　　　　「これは何ですか？」
　　　↓
　　A：这是<u>生鱼片儿</u> shēngyúpiànr。　「これはお刺身です。」

(2) Q：你喝<u>什么</u>？　　　　　　　「何を飲みますか？」
　　　↓
　　A：我喝<u>啤酒</u>。　　　　　　　「ビールを飲みます。」

"什么"は上のように単用される他に，名詞と連用してその名詞の性質や内容についての疑問表現(「どんな…？」)を造ることが多くあります。

"什么"＋N「どんな＋名詞？」

1　什么人 rén　　　　　：你家里都有什么人？　　～有爸爸、妈妈和我。
2　什么书 shū　　　　　：这是什么书？　　　　　～这是《三国演义》。
3　什么树 shù　　　　　：那是什么树？　　　　　～那是松树 sōngshù。
4　什么地方 dìfang　　　：你是中国什么地方人？　～我是天津人。
5　什么工作 gōngzuò　　：他做什么工作？　　　　～他做贸易 màoyì 工作。
6　什么名字　　　　　　：你叫什么名字？　　　　～我叫张敏。
7　什么时候 shíhou　　　：你什么时候有空儿？　　～我明天有空儿。
8　什么血型 xuèxíng　　 ：你是什么血型？　　　　～我是 A 型。
9　什么日子 rìzi　　　　：今天什么日子？　　　　～今天五一劳动节。
10　什么颜色 yánsè　　　：你喜欢什么颜色的衣服？～我喜欢红的。

置換練習：下線部をほかの単語に入れ替えて発音練習しなさい。

Q1　：这是什么花儿 huār？
A1　：这是梅花儿 méihuār。

菊花儿 júhuār	樱花儿 yīnghuār
桃花儿 táohuār	牡丹花儿 mǔdān huār

Q2　：你喜欢吃什么水果 shuǐguǒ？
A2　：我喜欢吃葡萄 pútao。

香蕉 xiāngjiāo	草莓 cǎoméi
苹果 píngguǒ	橘子 júzi
西瓜 xīguā	柠檬 níngméng

介詞"在、给、用"

　介詞は名詞を従えて，主語と述語の仲介をすることばです。働きの上では日本語の助詞や英語の前置詞とよく似ていますが，中国語の介詞は常に主語と述語の間に入って仲介をするという語順に特徴があります。

　介詞はすべて動詞の意味が薄まり用法が固定化してできたものです。動詞出身のなごりで副詞は文の中では介詞の前に置きます。

介詞(意味用法)	主語＋(副詞)＋介詞句＋述語
在 zài（動作の場所）	(1) 张敏 **在**红十字医院 工作。 　　（張敏は赤十字病院で働いている） (2) 我姐姐也 **在**大学 学习汉语。 　　（姉も大学で中国語を学んでいる）
给 gěi（動作の受益者）	(3) 我常常 **给**她 写情书。 　　（私は彼女にラヴレターをしょっちゅう書く） (4) 她不 **给**我 写情书。 　　（彼女は私にラヴレターを書かない）
用 yòng（動作の道具）	(5) 你 **用**英文 写信吗? 　　（あなたは英語で手紙を書くの？） (6) 他们都 **用**毛笔 写字。 　　（彼らはみな筆で字を書く）

(1) 例のような組み合わせを造って，発音し訳しなさい。
{在＝N}＋VP 「N(場所名詞)で/に VP する」
(例)北京 Běijīng ～留学 liúxué：**在**北京留学：「北京で留学する」
　① 食堂 shítáng～吃午饭 chī wǔfàn：
　② 公司 gōngsī～开会 kāi huì：
　③ 哪儿 nǎr～学习汉语 xuéxí Hànyǔ：
　④ 朋友家 péngyou jiā～看电视 kàn diànshì：
　⑤ 医院 yīyuàn～看病 kàn bìng

(2) 最も適当な場所と動作行為の組み合わせを選び，発音しなさい。

①在　银行 yínháng ②在　食堂 shítáng ③在　书店 shūdiàn ④在　图书馆 túshūguǎn ⑤在　中学 zhōngxué ⑥在　宿舍 sùshè	休息 xiūxi 借书 jiè shū 教英文 jiāo Yīngwén 买书 mǎi shū 吃晚饭 chī wǎnfàn 换钱 huàn qián

　　　　　　　　　　　　　　＋

(3) 左右適当な組み合わせで文を完成し発音しなさい。

①
②
③ 我哥哥是
④
⑤
⑥

| 教授 jiàoshòu
司机 sījī
厨师 chúshī
记者 jìzhě
工人 gōngrén
播音员 bōyīnyuán |

，在

| 工厂 gōngchǎng
饭馆儿 fànguǎnr
大学 dàxué
报社 bàoshè
运输公司 yùnshū gōngsī
广播电台 guǎngbō diàntái |

工作。

{给＝N}＋VP 「N(受益者)にVPする」
例のような組み合わせを造って，発音し訳しなさい。
(例)王老师～写信：**给**王老师写信：「王先生に手紙を書く」
① 我～来信 lái xìn：
② 女朋友 nǚ péngyou～打电话 dǎ diànhuà：
③ 老家 lǎojiā～打电报 dǎ diànbào：
④ 彼もよく私にEメールをくれます(发伊妹儿 fā yīměir)。：
⑤ 明日，中国人の友人(中国朋友 Zhōngguó péngyou)に国際電話(国际电话 guójì diànhuà)します。：

{用＝N}＋VP 「N(道具)でVPする」
例のような組み合わせを造って，発音し訳しなさい。
(例)英文 Yīngwén～写报告 xiě bàogào：**用**英文写报告：「英語でレポートを書く」
① 蜡笔 làbǐ～画画儿 huà huàr：
② 新华字典 Xīnhuá zìdiǎn～查生字 chá shēngzì：
③ 洗衣机 xǐyījī～洗衣服 xǐ yīfu：
④ うちの父は筆で字を書くのが好きです：
⑤ 日本人と中国人はどちらもお箸(筷子 kuàizi)でご飯を食べる：

4課 59

所有関係を明示する助詞 "的 de"：[所有者＋的＋所有物]

文型：N₁的(N₂)　「N₁の(N₂)」
"谁的(书)？" "我的(书)。"

☆コンテキストから明らかな場合，N₂(所有物)を省略できます。
"这是谁的φ？" "这是我的φ。"　「これ誰のφ？」「それ僕のφだ。」

★親族関係あるいは所属関係を言う場合，「属している」間柄が明瞭であるため，"的 de" は省略できます。

親族関係	所属関係
「私の父」：我爸爸 「彼の娘」：他女儿	「我々の会社」：我们公司 「わが家」：我家

◎属性，分類基準を示すような連体修飾語にも "的" はつきません。

　　属性＋N　　　：中国朋友　　　「中国人(であるところ)の友人」
　　　　　　　　　　　　　　　　・张敏是我的中国朋友。
cf. 所有者＋的＋N：中国的朋友　「中国(が所有する関係)の友人」
　　　　　　　　　　　　　　　　・日本是中国的朋友。

借文練習：a の読みをピンインで記し，b を中国語に訳しなさい。

1a：江苏省 Jiāngsū shěng 的省会 shěnghuì 不是上海，而是 érshì 南京。
1b：アメリカの首都はニューヨーク(纽约 Niǔyuē)ではなくて，ワシントンです。

2a："这是你的眼镜儿 yǎnjìngr 吗？" "这不是我的，是我弟弟的。"
2b：「これ彼の帽子かな？」「これは彼のじゃないよ。」「誰のだろう？」「彼の息子さんのだ。」

3a："先生，这是我的位子 wèizi，不是你的。"
　　"是吗？噢 ō，对不起 duìbuqǐ。"
3b：「あれっ(唉 éi)，僕の財布(钱包 qiánbāo)は…？」
　　「これ君のでしょ？」「そうです，僕のです。どうもありがとう。」

指示詞の体系

範疇	φ	事物	多数物	場所		様態・程度	
こ- そ-	这 zhè	这(一)个 zhège　zhèige	这些 zhèxie	这儿 zhèr	这里 zhèli	这么 zhème	这样 zhèyàng
そ- あ-	那 nà	那(一)个 nàge　nèige	那些 nàxie	那儿 nàr	那里 nàli	那么 nàme	那样 nàyàng
ど-	哪 nǎ	哪(一)个 nǎge　něige	哪些 nǎxie	哪儿 nǎr	哪里 nǎli	怎么 zěnme　　怎样 zěnyàng 怎么样 zěnmeyàng	

　　φ系列の指示詞"这, 那, 哪"は, 独立性の低い単語です。"这是…, 那是…"のように主語になるほかは連体修飾語や目的語になれません。事物を指す"这个, 那个, 哪个"がその代わりをします。☞5課

「どれが欲しい？」	＊你要哪? →	你要<u>哪个</u>? Nǐ yào něige?
「これが欲しい。」	＊我要这。→	我要<u>这个</u>。Wǒ yào zhèige.
「あの人」	＊那人　→	<u>那个</u>人　nèige rén

　　"…些"は多数であることを強調したいときに使います。数がはっきりしている時には使いません。

　　「あれらの人々」　　　那些人
　　「あれら四人」　　　　那四个人（＊那些四个人）

応用練習：

C：これ何？
D：僕のパスポート（护照 hùzhào）だよ。
C：あなた, よく旅行（去旅行 qù lǚxíng）に行くの？
D：旅行は好きだけど, 最近（最近 zuìjìn）忙しくてあまり行ってない。
C：忙しいって？　お金が無い（没有钱 méiyǒu qián）んでしょ？
D：おやおや！

5

Wǒmen yǒu sānge háizi.
我们 有 三个 孩子。

> 5課では量詞という品詞をめぐって，中国語の数概念の世界へ分け入りましょう。また目的語を二つ取る動詞とそのSVOOタイプの文型についても学びます。
> 課文は谷口夫妻と趙さんの再会という場面設定です。

CD1-54

kèwén 课文　A=赵　大海　B=谷口　正　C=谷口　良子

A[1]: Yō, zhè búshì Gǔkǒu ma? Hǎojiǔ bújiàn, nǐ hǎo ma?
　　 哟，这 不是 谷口 吗？好久 不见，你 好 吗？

B[1]: Wǒ hěn hǎo, xièxie. Zhào xiānsheng, nín zěnmeyàng?
　　 我 很 好，谢谢。赵 先生，您 怎么样？

A[2]: Wǒ yě hěn hǎo. Zhè wèi nǚshì shì……?
　　 我 也 很 好。这 位 女士 是……？

B[2]: Wǒ jièshao yíxiàr, zhè shì wǒ àiren, jiào Liángzǐ,
　　 我 介绍 一下儿，这 是 我 爱人，叫 良子，

　　 zài yǔyán zhōngxīn gōngzuò.　（動詞＋"一下儿" ☞9課）
　　 在 语言 中心 工作。

　　 Liángzǐ, zhè shì wǒ de lǎopéngyou Zhào Dàhǎi xiānsheng.
　　 良子，这 是 我 的 老朋友 赵 大海 先生。

A[3]: Nǐ fūren zài yǔyán zhōngxīn dāng lǎoshī, shìbushì?
　　 你 夫人 在 语言 中心 当 老师，是不是？

B³: Shì de, tā jiāo liúxuéshēng Rìyǔ.
　　是 的，她 教　留学生　　日语。

A⁴: Jiāo Rìyǔ hěn nán ba?
　　教　日语　很　难　吧?

C¹: Hěn nán, kěshì hěn yǒuyìsi.
　　很　难，可是　很　有意思。

　　Zhào xiānsheng, nín xiànzài zài nǎr gōngzuò?
　　赵　先生，　　您 现在　在　哪儿　工作?

A⁵: Wǒ xiànzài zài yìjiā màoyì gōngsī zuò fānyì gōngzuò.
　　我　现在　在 一家　贸易　公司　做　翻译　工作。

　　Nǐmen yǒu jǐge háizi?
　　你们　有　几个　孩子?

C²: Wǒmen yǒu sānge háizi.
　　我们　有　三个　孩子。

A⁶: Sānge háizi dōushì nánháir ma?
　　三个　孩子　都是　男孩儿　吗?

C³: Búshì, liǎngge nánháir, yíge nǚháir.
　　不是，两个　男孩儿，一个　女孩儿。

A⁷: Nà zhēn hǎo a.
　　那　真　好　啊。

B⁴: Yǒu kòngr, dào wǒjiā zuòzuo ba.
　　有　空儿，到　我家　坐坐　吧。(坐坐 ☞ 9課)

A⁸: Hǎo, wǒ yídìng qù.
　　好，我 一定　去。

　　Nǐjiā de diànhuà hàomǎ shì duōshao?
　　你家　的　电话　号码　是　多少?

B⁵: Èr bā liù-sì qī wǔ yāo. Wǒmen huānyíng nǐ lái wánr.
　　二八六-四七五一。　我们　欢迎　你 来　玩儿。

目的語を二つ取る動詞と文型

やりもらいを表す動詞は目的語を二つ取ることができます。語順は英語の二重目的語文型 SVO_1O_2 に並行します。ただし，O_2 は名詞（モノ）に限らず動詞句（〜スルコト）でもそのまま目的語になります。
（例文）B³：她教留学生日语。（彼女は留学生に日本語を教えている）

文型：

S	V	O_1(ヒト)	O_2(モノ・コト)		
(1)我	给	你	一本书。	给 gěi	「O_1にO_2を与える」
(2)我	还	你	词典。	还 huán	「O_1にO_2を返す」
(3)她	送	我	很多礼物。	送 sòng	「O_1にO_2を贈る」
(4)我	找	你	三块钱。	找 zhǎo	「O_1につり銭O_2を出す」
(5)他	教	我	画画儿。	教 jiāo	「O_1にO_2を教える」
(6)我	问	他	怎么去。	问 wèn	「O_1にO_2を尋ねる」
(7)我	告诉	你	一个好消息。	告诉 gàosu	「O_1にO_2を告げる」
(8)她	叫	我	小杜。	叫 jiào	「O_1をO_2と呼ぶ」

練習：例のように下線部を問う疑問詞疑問文を順に造りなさい：
（例）赵老师₁教他们₂语法₃yǔfǎ。　　Q１：谁教他们语法？
　　　　　　　　　　　　　　　　　　Q２：赵老师教谁语法？
　　　　　　　　　　　　　　　　　　Q３：赵老师教他们什么？

小杜₁送你₂一束花儿₃yí shù huār。　Q１：
　　　　　　　　　　　　　　　　　　Q２：
　　　　　　　　　　　　　　　　　　Q３：

数の数えかた

　物を数えるとき，日本語では「一冊の本，二台の車，切符三枚，コーヒー四杯……101匹ワンちゃん」のように助数詞を使います。中国語ではそのような品詞を**量詞**といい，物を数える（名量詞 míngliàngcí）時は言うまでもなく動作の回数を数える（动量詞 dòngliàngcí ☞15課）場合にも活躍します。

　数詞や指示詞は直接名詞に係ることができません。数詞はまず量詞と結んで**数量詞**とよばれるフレーズを造ります。日本語の場合，数量詞は「切符三枚」のように名詞に後置できますが，中国語では帳簿をつけるような特殊な場合を除いて，常に「数量詞＋名詞」"三张票 sān zhāng piào"の語順になります。

　また，指示詞はこの数量詞を介してはじめて名詞を修飾できます。

「一人のひと」　＊一人（→一个→）一个人 yí ge rén
「このひと」　　＊这人（→这一个→）这个人 zhèige rén

"这个/那个/哪个"を"zhèige/nèige/něige"とも読むのは量詞の前にあるはずの数詞"一 yī"が実際に顔をのぞかせている姿です。

数詞	数詞＋量詞	数量詞＋N	指示詞＋数量詞＋N
一 yī	一个 yí ge	一个人 yí ge rén	这(一)个人 zhè(i) ge rén
二 èr	两个 liǎng ge	两个人	那两个人
三 sān	三个	三个人	哪三个人
四 sì	四个	……	………
…			
…			
几 jǐ	几个 jǐ ge	几个人 jǐ ge rén	这几个人 zhè jǐ ge rén

発音練習：次の「数量詞＋N」フレーズを続けて読みなさい。

一个中国人　　两个德国人　　三个美国人
四个英国人　　五个法国人　　六个蒙古人
七个印度人　　八个越南人　　九个意大利人
十个日本人　　一共多少外国人？

基本量詞

　量詞は事物を数えるためだけのことばではなく，事物を主に形状の特徴によってグループに分ける役割も果たしています。「類別詞 *classifier*」という別名はこれに由来します。

　常用の量詞を典型的な名詞との組み合わせで覚えましょう。

个 ge	広く個体について	人 rén	苹果 píngguǒ
		东西 dōngxi	理想 lǐxiǎng
本 běn	綴じた本のたぐい	书 shū	词典 cídiǎn
		杂志 zázhì	
张 zhāng	シート状のもの，平面のめだつもの	纸 zhǐ	票 piào
		地图 dìtú	照片儿 zhàopiānr
		桌子 zhuōzi	
把 bǎ	握りのある道具類	椅子 yǐzi	雨伞 yǔsǎn
		剪刀 jiǎndāo	扇子 shànzi
条 tiáo	長さのめだつもの	绳子 shéngzi	河 hé
		街 jiē (cf. 京都や奈良の「三条通り」)	
		鱼 yú	蛇 shé
		裤子 kùzi	命 mìng
件 jiàn	服や荷物，事柄類	衣服 yīfu	行李 xíngli
		事儿 shìr	
辆 liàng	車，のりもの類	汽车 qìchē	自行车 zìxíngchē
架 jià	大がかりな機械	飞机 fēijī	照相机 zhàoxiàngjī
座 zuò	地面にドンと腰をすえたもの	山 shān	城市 chéngshì
		楼 lóu	庙 miào
块 kuài	ブロック状の塊	石头 shítou	肉 ròu
		肥皂 féizào	糖 táng
支 zhī	スティック状のもの	铅笔 qiānbǐ	香烟 xiāngyān
		笛子 dízi	
只₁ zhī	小動物	鸟儿 niǎor	鸡 jī
		羊 yáng	猫 māo

位 wèi	敬意を受ける人	先生 xiānsheng	客人 kèren
		朋友 péngyou	老师 lǎoshī
その他	一台 tái 电脑 diànnǎo	两封 fēng 信	三朵 duǒ 花儿
	四口 kǒu 人	一家 jiā 公司	一所 suǒ 大学
	一面 miàn 镜子 jìngzi	一根 gēn 针 zhēn	

ペアー，集合量詞

只₂ zhī	本来的ペアーの片割(繁体字では"隻")：
	手 shǒu　　脚 jiǎo　　眼睛 yǎnjing
双 shuāng	本来的にペアであるもの(繁体字では"雙")：
	手　　脚　　眼睛　　手套 shǒutào　　鞋 xié
	袜子 wàzi　　筷子 kuàizi
对 duì	人為的にペアーになっているもの：
	夫妇 fūfù　　　鸳鸯 yuānyāng
	花瓶 huāpíng　　枕头 zhěntou
副 fù	左右対で揃いのもの：
	眼镜 yǎnjìng　　耳环 ěrhuán　　对联 duìlián
套 tào	セットになっているもの：
	西服 xīfú(スーツ)　　书 shū(全集)
	邮票 yóupiào(シート)　房间 fángjiān(スウィートルーム)
打 dá	ダース単位のもの(声調に注意)：
	铅笔 qiānbǐ　　鸡蛋 jīdàn
群 qún	群れを成しているもの：
	人 rén　　学生 xuésheng　　羊 yáng　　鸭子 yāzi

借用(容器)量詞

杯 bēi	カップでカウントする飲料：
	茶 chá　　水 shuǐ　　咖啡 kāfēi　　红茶 hóngchá
瓶 píng	ボトルでカウントする飲料：
	酒 jiǔ　　啤酒 píjiǔ　　葡萄酒 pútaojiǔ
	汽水儿 qìshuǐr　　可乐 kělè
碗 wǎn	椀で勘定するご飯，茶：
	饭 fàn　　茶 chá

度量衡単位

一斤 jīn	：500g	一里 lǐ	：500m
一公斤 gōngjīn	：1kg	一公里 gōnglǐ	：1km

作文練習：中国語で言いなさい。

(1) 鉛筆二本 　　(2) ビール二本 　　(3) 傘二本
(4) ズボン二本 　(5) 針二本
(6) この辞書 　　(7) そのめがね 　　(8) どの車
(9) あの三匹の小猫 (10) どの二人

置換練習：

Q：你买 mǎi 什么？
A：我买杂志。
Q：你买几本？
A：我买三本。

(1)	1～汽车
(2)	2～地图
(3)	3～雨伞
(4)	4～葡萄酒

未定数の疑問詞："几 jǐ" "多少 duōshao(duōshǎo)"

"几"はその限度についておよその想像がつく時の未定数を示します。(A[5]："你们有**几**个孩子？")日付や時刻，子供の年齢など一桁前後の数をたずねる場合が典型です。"几"は量詞と結んでから名詞に係ります。

"**多少**"は限度の予想がつかない無限に多い未定の数を示します。(A[8]："你家的电话号码是**多少**？")"多少"は量詞なしで名詞に係るのが普通です。

比較

1 你家有几口人？ 　　　　　　　「お宅は何人家族ですか？」
2 中国有多少人口？ 　　　　　　「中国の人口は何人ですか？」
3 几月 yuè 几号 hào, 星期 xīngqī 几？ 「何月何日，何曜日？」
4 多少钱一个？ 　　　　　　　　「ひとついくらですか？」

作文練習：答えが次の文になるような疑問文をつくりなさい。
 (1) <u>两位</u>中国老师教我们。
 (2) 我们大学有<u>一百名</u>留学生。
 (3) 我喝<u>两瓶</u>啤酒。
 (4) 一年有<u>三百六十五</u>天。
 (5) 我在邮局买了<u>四张邮票</u>。

"一"：yī と yāo

 電話番号や部屋番号など数字を粒読みするとき，"一"は「yī」と読むと「qī 七」にまぎれやすいので「yāo 幺」と読み慣わします。
  一一〇警报 yāo yāo líng jǐngbào
  二〇一房间 èr líng yāo fángjiān

応用練習：
D：あなたはどちらにお勤めですか？
E：百貨店（百货商店 bǎihuò shāngdiàn）で働いています。
D：あなたのお店でコンピュータは売ってます（卖 mài）か？
E：各種（各种 gèzhǒng）売ってます。
  何台買いたい（想买 xiǎng mǎi）ですか？
D：二台欲しいです。
E：じゃあ私に電話してください。私の携帯電話（手机 shǒujī）の番号は7046の5128です。

5課 69

6

Yígòng duōshao qián?
一共 多少 钱？

> 6課では中国語の数体系を知り，100以上の数をカウントできるよう練習します。また，主述述語文と呼ばれる文型を学びます。
> 買い物に数字はつきものです。課文の場面は日本で，お茶を買いに来た中国人と日本人店員のやりとりです。

CD1-55

kèwén 课文　A＝小商店店员（日本人）　B＝顾客（中国人）

A¹: Huānyíng guānglín, nín yào diǎnr shénme?
　　欢迎 光临，您 要 点儿 什么？

B¹: Qǐngwèn, cháyè zài nǎr?
　　请问，茶叶 在 哪儿？

A²: Cháyè jiù zài nàr, hé kāfēi fàngzài yìqǐ.
　　茶叶 就 在 那儿，和 咖啡 放在 一起。
　　　　　　　　　　　　　　　（放在☞18課）

B²: Yǒu Zhōngguó cháyè ma?
　　有 中国 茶叶 吗？

A³: Yǒu, yǒu wūlóngchá.
　　有，有 乌龙茶。

B³: Yǒuméiyǒu mòlihuāchá?
　　有没有 茉莉花茶？

A⁴: Duìbuqǐ, wǒmen zhèr méiyǒu huāchá.
　　对不起，我们 这儿 没有 花茶。

　　　　Zuìjìn wǒmen Rìběnrén tèbié ài hē wūlóngchá.
　　　　最近　我们　日本人　特别　爱　喝　乌龙茶。

B⁴:　Wèishénme? Wǒmen Běijīngrén yìbān bù hē wūlóngchá,
　　　为什么？我们　北京人　一般 不 喝 乌龙茶,

　　　　ài hē huāchá.
　　　　爱 喝 花茶。

A⁵:　Wǒmen xiāngxìn hē wūlóngchá yǒu jiǎnféi de xiàoguǒ.
　　　我们　相信　喝　乌龙茶　有　减肥　的　效果。

B⁵:　Shì ma? Zhēn yǒuyìsi, zhè wǒ háishi dì yī cì tīngshuō.
　　　是 吗？真 有意思,这 我 还是 第 一 次 听说。

　　　　Zhōngguó yǒu yíjù huà jiào "rù xiāng suí sú",
　　　　中国　有 一句 话 叫 "入 乡 随 俗",

　　　　wǒ yě mǎi wūlóngchá ba. Duōshao qián yìbāo?
　　　　我 也 买 乌龙茶 吧。多少 钱 一包？

A⁶:　Yuánjià wǔbǎi kuài, dǎ jiǔ zhé.
　　　原价 五百 块,打 九 折。

　　　　Xiànzài mài sìbǎi wǔshí kuài.
　　　　现在 卖 四百 五十 块。

B⁶:　Huò, zhēn guì! Zhèzhǒng cháyè zài Zhōngguó hěn piányi.
　　　嚯,真 贵! 这种 茶叶 在 中国 很 便宜。

A⁷:　Dōngxi hǎo, zhè shì dìdao de yījí tiěguānyīn.
　　　东西 好,这 是 地道 的 一级 铁观音。

　　　　Zhèzhǒng cháyè wèidao hěn hǎo, bāo nín mǎnyì.
　　　　这种 茶叶 味道 很 好,包 您 满意。

　　　　Hái yào diǎnr shénme?
　　　　还 要 点儿 什么？

B⁷:　Hái yào liǎngbāo yān. Yígòng duōshao qián?
　　　还 要 两包 烟。一共 多少 钱？

A⁸: Yígòng bābǎi qīshí kuài. Nín zhè shì yìqiān kuài, zhǎo nín
一共 八百 七十 块。您 这 是 一千 块，找 您

yìbǎi sānshi kuài. Qǐng diǎn yíxiàr.
一百 三十 块。请 点 一下儿。(動詞＋"一下儿" ☞ 9課)

B⁸: Méicuòr. Qǐng gěi wǒ bāo yíxiàr.
没错儿。请 给 我 包 一下儿。

A⁹: Xièxie, huānyíng nín cháng lái!
谢谢，欢迎 您 常 来!

100以上の数

1から99までの数は日本語での数え方に並行していました。(☞Ⅷ課)
更に3桁以上に上がる時も日本語の数システムとほぼ並行します。
"φ→十shí→百bǎi→千qiān"の4桁が一つの枠となって循環していきます。日中の数体系では本来4桁ごとに区切り（コンマ）を入れると循環構造があらわになります。

兆 zhào	億 yì	万 wàn	(φ)	=非循環ケタ
……	千 百 十 φ	千 百 十 φ	千 百 十 φ	=循環ケタ枠
(例)	3 2 1 5,	7 6 4 9,	8 2 5 9	

（亿 yì は口語で万万 wànwàn とも言う）

100を越える数の読み方では次のいくつかの点に注意が必要です。日本語との差異を確かめてみましょう。

(1) 100は"百"だけではだめで"一百 yìbǎi"とします。

比較

10	十	(「じゅう」「＊いちじゅう」)
100	一百	(「ひゃく」「＊いちひゃく」)
110	一百一十	(「ひゃくじゅう」「＊いちひゃくいちじゅう」)
1000	一千	(「せん」「いっせん」)
10000	一万	(「＊まん」「いちまん」)

☆"一"は"百 bǎi、千 qiān"の前では第4声 yì に、"万 wàn、亿 yì"の前では第2声 yí に変調するが、"十 shí"の前では第1声 yī のまま原調を保ちます。

(2) 数字の間に欠位（0）がある時は"零 líng"として扱います。0が幾つ続いても"零 líng"はひとつです。いわば日本語の「…とんで…」にあたります。

  101 一百零一 （「ひゃくいち」「ひゃくとんでいち」）
  1001 一千零一
  10001 一万零一

(3) 数字の末尾が0になると位を省略できます。

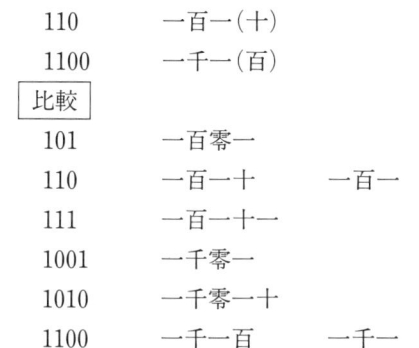

  110 一百一（十）
  1100 一千一（百）

比較

  101 一百零一
  110 一百一十 一百一
  111 一百一十一
  1001 一千零一
  1010 一千零一十
  1100 一千一百 一千一

(4) 2のあつかい方："二" "两"

 ①："十"の前後では"二"。
   12 十二 20 二十 22 二十二
 ②："百，千，万"が大きな数の中で使われている時はふつう"二"。
   3200 三千二百 32000 三万二千 3020000 三百零二万
 ③：数の頭に立つときはふつう"两"。ただし200は"二百"と読むことが多い。
   200 二百（两百） 2000 两千 20000 两万

発音練習：次の数字を読みなさい。

28	105	250	541	902
1006	1111	4079	5010	
7800	25693	34010	628091	

発音練習：アラビア数字に戻しなさい。

① sì qiān wǔ　② qī wàn líng jiǔ　③ sān shí wàn líng liù bǎi bā

１より小さい数

小数：小数点はR化して"点儿 diǎnr"と読みます。

0.03	零点儿零三	líng diǎnr líng sān
3.14	三点儿一四	sān diǎnr yī sì

分数：

$\frac{1}{2}$	二分之一	èr fēn zhī yī
$5\frac{3}{4}$	五又四分之三	wǔ yòu sì fēn zhī sān

パーセント：「百分のいくつ」という表現法です。パーセンテージは"百分比 bǎifēnbǐ、百分率 bǎifēnlǜ"と言います。

15%	百分之十五	bǎi fēn zhī shí wǔ
100%	百分之百	bǎi fēn zhī bǎi

金額の言い方

人民币（rénmínbì：RMB¥）

話しことば：块 kuài	毛 máo	分 fēn
書きことば：元（圆）yuán	角 jiǎo	分 fēn

　　　　1元（块）　＝10角（毛）　＝100分

（例）　2.13元＝两块一毛三（分）　liǎng kuài yī máo sān（fēn）

　　　12.50元＝十二块五（毛）　　shí'èr kuài wǔ（máo）

発音練習："多少钱？"

　(1)　5.00元　(2)　6.50元　(3)　42.73元　(4)　109.40元

置換練習：下線部の言い換え練習をしなさい。

（例）毛衣 máoyī～4.50元～×3～15元

　　A：这种<u>毛衣</u>多少钱一<u>件</u>？
　　B：<u>四块五</u>。
　　A：我要<u>三件</u>。
　　B：<u>一共十三块五</u>。
　　A：给你<u>十五块</u>。
　　B：<u>找你一块五</u>。

(1)　汽水儿～0.57元～×5～5.00元
(2)　地图～4.12元～×2～9.00元
(3)　词典～15.80元～×3～50.00元

参考：外貨

日本円¥：日元 Rìyuán
米ドル US$：美元 Měiyuán
英ポンド£：英镑 Yīngbàng
フラン FFr：法国法郎 Fǎláng
スイスフラン SFr：瑞士法郎 Ruìshì Fǎláng
マルク DM：马克 Mǎkè
リラ Lit：意大利里拉 Yìdàlì Lǐlā
ユーロドル：欧元 Ōuyuán
トラベラーズ・チェック：旅行支票 lǚxíng zhīpiào
クレジット・カード：信用卡 xìnyòngkǎ

形態変化の無いことば

　中国語の用言（動詞・形容詞）は形態を変化させることなく文の主語,目的語,修飾語などの成分になることができます。用言が体言（名詞の類）の守備範囲へ乗り出しているのです。

　たとえば"喝茶"という動詞句は：
　　主　語：<u>喝茶</u>对身体有好处。Hē chá duì shēntǐ yǒu hǎochu.
　　目的語：我很喜欢<u>喝茶</u>。Wǒ hěn xǐhuan hē chá.
　　修飾語：<u>喝茶</u>的人 hē chá de rén

のようにこのままで文の中に入れます。これは中国語の文造りの原則ですが,日本語では「お茶をのむコト」,英語では *to drink/drinking tea* と形を変える必要があるのと大きな違いがあります。

6 課　75

動詞句と同じように主述の揃ったものも文内の成分になることができます。

(1) 这种茶　味道　很好。
　　|主語|　|　述語　|
　　　　　|主語| |述語|

(2) 我们　相信　喝　乌龙茶　有　减肥的效果。
　　|主語| |述語| |　　目　的　語　　|
　　　　　　　　|　主語　| |述語| |目的語|
　　　　　　　　　　　　　|述語| |目的語|

例(1)は主述が述語になっており、例(2)は主述目が目的語になっています。

主述述語文

上の例(1)は主述述語文(主谓谓语句 zhǔwèiwèiyǔjù)と呼ばれ、日本語の「象は鼻が長い」文とよく似ています。
文型
　　主述述語文　　他　身体　很好。　　（彼ハからだガじょうぶだ。）
　　　　　　　　|主語| |　述語　|
　　　　　　　　　　　|主語| |述語|

　　cf.主述文　　他的身体　很好。　　（彼のからだハじょうぶだ。）
　　　　　　　　|　主語　| |述語|

借文練習：

1a：他年纪 niánjì 很小，可是工资 gōngzī 很高。
1b：彼女は背が低い（个子矮 gèzi ǎi）が、足（腿 tuǐ）が長い。

2a：日本火山 huǒshān 很多，温泉 wēnquán 也很多。
2b：中国語は文法（语法 yǔfǎ）はやさしく（容易 róngyì），発音（发音 fāyīn）がむつかしい。

3a：张老师心脏 xīnzàng 不好，他爱人心脏也不好。
3b：きのうは天気がよかった，今日も天気がよい。

応用練習：C＝店員（中国人）　D＝客（日本人）

C：あわせて97.2元です。100元頂いて、おつりの2.8元です。
　　お確かめ下さい。領収書（发票 fāpiào）いりますか？
D：いります。
C：はいどうぞ。
D：どうも。すいません，この字は何ですか？
C：これは「大字」（大写 dàxiě）といいます。
D：どう（怎么 zěnme）書くのですか？
C：こう書きます："壹、贰、叁、肆、伍、陆、柒、捌、玖、拾。"
D：おもしろいなあ！　なぜこんなふうに書くのですか？
C：書き直しを防ぐためです（为了 wèile 防止 fángzhǐ 涂改 túgǎi）。
D：なるほど（原来 yuánlái 是这样）。

7

Jīntiān jǐ yuè jǐ hào, xīngqī jǐ?
今天 几 月 几 号,星期 几?

> 7課は数字のまとめとして、時間にかかわる表現をまなびます。中国語では時を点で捉えた場合(時点 *Time Point*)と、時の流れを線で捉えた場合(時間 *Time Interval*)とで語彙もその運用法も変わります。他に"就 jiu、才 cái、已经 yǐjing～了、都 dōu～了"といった時にかかわる副詞の用法を学びます。
> 課文は劉さんと谷川さんのスケジュール調整をめぐって展開します。

CD2-01

kèwén 课文 A＝刘 保玉(中国留学生) B＝谷川 由纪(日本学生)

A¹: Jīntiān sì yuè jǐ hào?
今天 四 月 几 号?

B¹: Èrshiqī hào.
二十七 号。

A²: Xīngqī jǐ?
星期 几?

B²: Xīngqī sì.
星期 四。

A³: Yóujì, hòutiān wǒmen yìqǐ qù shuǐzúguǎn, hǎobuhǎo?
由纪, 后天 我们 一起 去 水族馆, 好不好?

B³: Hòutiān shì jǐhào? Jīntiān èrshiqī, míngtiān èrshibā,
后天 是 几号? 今天 二十七, 明天 二十八,

hòutiān shì èrshíjiǔ hào xīngqī liù, duìma?
　　　后天　是　二十九　号　星期　六，对吗？

A⁴: Duì a,　nǐ kàn zěnmeyàng?
　　 对 啊，你 看　怎么样？

B⁴: Āiya, bùxíng!
　　 哎呀，不行！

A⁵: Zěnme, nǐ yǒu shénme yàojǐn de shìr ma?
　　 怎么，你 有 什么 要紧 的 事儿 吗？（怎么☞8課）

B⁵: Wǒ méiyǒu shénme shìr.
　　 我 没有 什么 事儿。

　　　Sì yuè èrshíjiǔ hào shì Rìběn de jiérì, rén yídìng hěn duō,
　　　四 月 二十九 号 是 日本 的 节日，人 一定 很 多，

　　　suǒyǐ wǒ bù xiǎng chūqu.
　　　所以 我 不 想 出去。（不想☞10課）

A⁶: Shì shénme jiérì, wǒ bù zhīdào.
　　 是 什么 节日，我 不 知道。

B⁶: Rìyǔ jiào　　　　　　　 Hànyǔ dàgài shì "zhíshùjié" de
　　 日语 叫 "みどりの日"，汉语 大概 是 "植树节" 的

　　 yìsi ba.
　　 意思 吧。

A⁷: Yuánlái shì zhèyàng. Nà zěnme bàn?
　　 原来 是 这样。那 怎么 办？

B⁷: Xiǎo Liú, xiànzài jǐ diǎn le?
　　 小 刘，现在 几 点 了？（了☞12課）

A⁸: Yǐjing sì diǎn yíkè le.
　　 已经 四 点 一刻 了。

7課 79

B⁸: Cái sì diǎn duō, wǒmen xiànzài jiù zǒu ba.
　　才 四 点 多，我们 现在 就 走 吧。

　　Zuò gōnggòng qìchē qù zěnmeyàng?
　　坐 公共 汽车 去 怎么样？

A⁹: Nàr liù diǎn bàn jiù guān mén, wǒ pà láibují.
　　那儿 六 点 半 就 关 门，我 怕 来不及。

B⁹: Méi wèntí, dǎ dī qù wánquán láidejí.
　　没 问题，打 的 去 完全 来得及。

A¹⁰: Yào duōcháng shíjiān?
　　 要 多长 时间？

B¹⁰: Yào bàn ge xiǎoshí zuǒyòu.
　　 要 半 个 小时 左右。

A¹¹: Hǎojíle, mǎshàng jiù zǒu!
　　 好极了， 马上 就 走！

B¹¹: Bié wàngle dài zhàoxiàngjī!
　　 别 忘了 带 照相机！

A¹²: Wàngbuliǎo!
　　 忘不了！　（来不及，来得及，忘不了 ☞21, 22課「可能補語」）

時点 *Time Point*：日付と時刻

1：カレンダーの読み方：年，月，日，曜日

年 nián	一九九七年 yī jiǔ qī nián	
	二〇〇〇年 èr líng líng líng nián	
	二〇〇八年 èr líng líng bā nián	
月 yuè	一月 yī yuè	
	二月 èr yuè	
	⋮	
	十二月 shí'èr yuè	
	几月？jǐyuè？	
日 rì	**書きことば**	**話しことば**
号 hào	一日 yī rì	一号 yī hào
	二日 èr rì	二号 èr hào
	⋮	⋮
	三十一日 sānshiyī rì	三十一号 sānshiyī hào
	几日？jǐ rì？	几号？jǐhào？
星期 xīngqī	星期一 xīngqī yī	
(礼拜 lǐbài)	星期二 xīngqī èr	
	星期三 xīngqī sān	
	星期四 xīngqī sì	
	星期五 xīngqī wǔ	
	星期六 xīngqī liù	
	星期日 xīngqī rì／星期天 xīngqī tiān	
	星期几？xīngqī jǐ？	

	年	日	月	週
−3	大前年 dàqiánnián	大前天 dàqiántiān		
−2	前年 qiánnián	前天 qiántiān	上上个月	上上个星期
−1	去年 qùnián	昨天 zuótiān	上个月	上个星期
now	今年 jīnnián	今天 jīntiān	这个月	这个星期
+1	明年 míngnián	明天 míngtiān	下个月	下个星期
+2	后年 hòunián	后天 hòutiān	下下个月	下下个星期
+3	大后年 dàhòunián	大后天 dàhòutiān		

応答練習：次の問に中国語で答えなさい。
(1) 今天几月几号，星期几？
(2) 下星期五是几号？
(3) 这个月第一个星期天是几号？
(4) 你的生日 shēngri 是几月几号？哪一年生的？
(5) 今天是八月一号，星期一。前天是几月几号，星期几？

2：時計の読み方：時，分

一日の区分：

	上午 shàngwǔ　中午 zhōngwǔ　下午 xiàwǔ	
早上 zǎoshang		晚上 wǎnshang
	白天 báitiān	夜里 yèli

時刻：

2:00	两点(两点钟)　liǎngdiǎn(liǎngdiǎn zhōng) （2時には"两 liǎng"）
2:02	两点零二分　liǎngdiǎn líng èrfēn　　　（2分には"二 èr"）
2:10	两点十分　liǎngdiǎn shífēn
	（一～九分に"零"「…とんで""过"「…すぎ」を入れることがある）
	两点一刻　liǎngdiǎn yíkè　（15分つまり one quater は"一刻 yíkè"）
2:30	两点三十分　liǎngdiǎn sānshifēn
	两点半　liǎngdiǎn bàn
2:45	两点四十五分　liǎngdiǎn sìshiwǔfēn
	两点三刻　liǎngdiǎn sānkè
	差一刻三点　chà yíkè sāndiǎn　　（"差 chà～"は「～足りない」）
2:55	两点五十五分　liǎngdiǎn wǔshiwǔfēn
	差五分三点　chà wǔfēn sāndiǎn
3:00	三点(三点钟)　sāndiǎn(sāndiǎnzhōng)

応答練習：中国語で答えなさい。

(1)　现在几点了？
(2)　你每天 měitiān 早上几点起床 qǐ chuáng？
(3)　你每天晚上几点睡觉 shuìjiào？
(4)　学校图书馆几点关门？
(5)　这节 jié 课几点下课？

時間 *Time Interval*

　時の流れを線的に幅のあるものとしてとらえた場合のことばです。日本語では「…間(…かん)」であらわすことが多いですが，中国語では次のようになります。

TP：	一号 ついたち	二号 ふつか	三号 みっか	……号 hào
TI：	一天 いちにち	两天 ふつか(かん)	三天 みっか(かん)	……天 tiān
TP：	一年 いちねん	二年 にねん	三年 さんねん	……年 nián
TI：	一年 いちねん(かん)	两年 にねん(かん)	三年 さんねん(かん)	……年 nián
TP：	一月 いちがつ	二月 にがつ	三月 さんがつ	……月 yuè
TI：	一个月 ひとつき	两个月 ふたつき	三个月 みつき	……个月 geyuè
TP：	星期一	星期二	星期三	……星期几？
TI：	一个星期	两个星期	三个星期	……几个星期？
TP：	一点 いちじ	两点 にじ	三点 さんじ	……点 diǎn
TI：	一(个)小时 いちじかん	两(个)小时 にじかん	三(个)小时 さんじかん	……小时 xiǎoshí (钟头 zhōngtóu)
TP：	一分	二分	三分	……分 fēn
TI：	一分钟	两分钟	三分钟	……分钟 fēnzhōng

練習：TPとTIの違いに注意して中国語で言いなさい。
- (1) 何日：何日間
- (2) 何月：何カ月
- (3) 何時：何時間
- (4) 三月三日：三カ月と三日
- (5) 四時半：四時間半
- (6) 三時十分：三時間十分

応答練習：中国語で答えなさい。
- (1) 一个星期有几天？　一年有多少天？
- (2) 一年有几个月？　一个月有几个星期？
- (3) 你每天睡几个小时？
- (4) 你每天学习几个小时？
- (5) 从 cóng 你家到 dào 学校要多长时间？

時点と時間の文型比較

時点（*Time Point*）は述語動詞の前、
時間（*Time Interval*）は述語動詞の後が鉄則。

TP＋V	那儿 六点半 就关门。 你 什么时候 来北京？ 八点半 我们都上课。
V＋TI （☞15課）	去水族馆要 多长时间？ 你每天睡 几个小时？ 他们都学了 六年 英语。

概数表現

…多	…あまり	五十多(个) 一个多月 两个多小时 一年多	50あまり ひと月あまり 2時間以上 1年あまり
…来	…ほぼ	三十来个	30近く
…左右	…前後	二十岁左右	はたち前後
…几 几…	…いくつ 数… 何…	十几个 几十个	十いくつか 数十個
xy	近い数	两三个 四五天	ふたつみっつ 四五日ほど

副詞："就 jiù""才 cái""已经 yǐjing〜了。""都 dōu〜了。"

　時(時点 TP，時間 TI)に対する話し手の主観的な感じ方の違いが副詞によって表現されます。

　"就 jiù"はことがらが**順調**に抵抗なくはかどる状態を意味の核にもつ副詞です。そこで，その時点・時間を早い，短いと感じたときに用いられます。

　"才 cái"は逆にこのことがらの展開がスムーズでない状態，**逆境**に面している状態をいう副詞です。そこで，その時点・時間を遅い，長いと感じたときに用いられます。"才"は文末の"了"(☞12課)とは相性が悪くて共起しません。

1a　我儿子十岁**就**开始学英语了。(息子は十歳で**さっそく**英語の勉強を始めた。)　　　　⇦十歳で始めるのは早いと話し手は感じている。
1b　我儿子十岁**才**开始学英语。(息子は十歳で**ようやく**英語の勉強を始めた。)　　　　⇦十歳で始めるのは遅いと話し手は感じている。

2a 他五点半**就**起来了。(彼は五時半にはもう起きた。)
2b 他九点半**才**起来。　(彼は九時半にようやく起きた。)

3a 听了一遍 biàn **就**听懂 tīngdǒng 了。(一度聞いてすぐ聞き取れた。)
3b 听了两遍**才**听懂。(二度聞いてやっと聞き取れた。)

4 他们**才**认识几个月**就**结婚 jiēhūn 了。(彼らは知りあってたったの数か月で早々と結婚した。)

5 "明天**就**要开会了，我的报告还没写好 hái méi xiěhǎo 呢。"
"明天**才**开会呢，忙 máng 什么！"(「明日会議だというのに、レポートがまだ書けてない。」「明日会議なら、あわてることないよ！」)

"**已经** yǐjing～**了** le。"はすでに時間的に経過していることをあくまでも客観的に報告する場合で、「すでに……になった。」の意味を表します。
　一方，"**都** dōu～**了** le。"は主観的・感情的な強調を込めて「とっくに/もうすっかり……になってしまっている。」と言うものです。この時"都"は後の述語よりも相対的に軽く読まれます。

6 **已经**十二点**了**，该 gāi 吃饭了。(もう十二時になったからご飯にしよう。)
7 **都**八点**了**，他还不起来。(とうに八時なのにあいつはまだ起きない。)
8 他**都**七十多**了**，还那么健康 jiànkāng。(彼はもう七十過ぎだと言うのにまだあんなに元気だ。)

好极了 jíle

"极了 jíle"は形容詞の後ろに付いて，その程度がこの上もなく極まっている，ハイレヴェルであるということを示します。これは一種の感嘆表現ですから，否定文や疑問文には使いません。

味道怎么样？　～味道好极了 wèidào hǎojíle。(すこぶる美味だ。)
你喜欢吗？　　～我喜欢极了 xǐhuānjíle。　　(私大好き。)

応用練習：

C：新幹線「のぞみ」号（新干线 xīngànxiàn "希望"号 "xīwàng" hào）は何時に出ます（出发 chūfā）か？
D：6時12分に大阪を出て、8時42分にはもう東京着です。
C：大阪から東京まで（从～到～）どれだけかかるのかな？
D：2時間半ですね。速いでしょ？
C：さすがに（难怪 nánguài）これは日本で一番速い列車（日本最快的火车 Rìběn zuìkuàide huǒchē）ですね。
D：来週の日曜、私たち一緒にディズニーランド（迪斯尼乐园 Dísīní lèyuán）へ行きましょう，どう？
C：すばらしいな。きっと行きます。

参考：年齢と「えと（干支）」

(1) 年齢のたずねかた：

你几岁(了)？	Nǐ jǐ suì (le)？	子供の年を聞く
你多大(了)？	Nǐ duō dà (le)？	一般的な質問
您多大岁数(了)？	Nín duō dà suìshu (le)？	丁寧
您多大年纪(了)？	Nín duō dà niánji (le)？	丁寧

（いずれも"了"をつけると「いくつになったか」の意味になる。☞12課）

您高寿？	Nín gāoshòu？	老人の年齢を伺う

(2) えと（干支・兄弟）

天干 tiāngān			地支 dìzhī			生肖 shēngxiāo	
コウ	甲 jiǎ	木の兄	シ	子 zǐ	ね	老鼠	lǎoshǔ
オツ	乙 yǐ	弟	チュウ	丑 chǒu	うし	牛	niú
ヘイ	丙 bǐng	火の兄	イン	寅 yín	とら	老虎	lǎohu
テイ	丁 dīng	弟	ボウ	卯 mǎo	う	兔儿	tùr
ボ	戊 wù	土の兄	シン	辰 chén	たつ	龙	lóng
キ	己 jǐ	弟	シ	巳 sì	み	蛇 shé（小龙 xiǎolóng）	
コウ	庚 gēng	金の兄	ゴ	午 wǔ	うま	马	mǎ
シン	辛 xīn	弟	ビ	未 wèi	ひつじ	羊	yáng
ジン	壬 rén	水の兄	シン	申 shēn	さる	猴儿	hóur
キ	癸 guǐ	弟	ユウ	酉 yǒu	とり	鸡	jī
			ジュツ	戌 xū	いぬ	狗	gǒu
			ガイ	亥 hài	い	猪	zhū

Q：你是哪一年生的？
A：我是一九（　　　　）年生的。
Q：你属 shǔ 什么的？
A：我属（　生肖　）。

「甲子園球場」「壬申の乱」「辛亥革命」「ひのえうま（丙午）」といった名付けは"天干"と"地支"の組み合わせに由来します。「還暦」とは両者（10と12）の最小公倍数60を以て暦が一巡して還るという次第。
　ちなみに近年では1984年が「甲子（きのえね）」でした。今年の"干支"は何ですか？

参考：中国の祝祭日

1月1日："元旦 yuándàn"
3月8日：国际劳动妇女节 "三八妇女节 sānbā fùnǚjié"
3月12日："植树节 zhíshùjié"
5月1日：国际劳动节 "五一劳动节 wǔyī láodòngjié"
5月4日：中国青年节 "五四青年节 wǔsì qīngniánjié"
6月1日：国际儿童节 "六一儿童节 liùyī értóngjié"
7月1日：中国共产党成立纪念日 "七一 qīyī"
8月1日：中国人民解放军建军节 "八一建军节 bāyī jiànjūnjié"
9月10日："教师节 jiàoshījié"
10月1日：国庆节 "十一国庆节 shíyī guóqìngjié"

太陰暦（农历）

　正月初一 "春节"
　正月十五 "元宵节"
　五月初五 "端午节"
　七月初七 "七夕，乞巧节"
　七月十五 "中元节"
　八月十五 "中秋节"
　九月初九 "重阳节"
　十二月初八 "腊八"
　十二月三十 "除夕"

庆祝"五一"国际劳动节

为庆祝"五一"国际劳动节，订于一九八六年五月一日上午九时在劳动人民文化宫举行游园联欢活动。
　　敬请光临

　　　　　　　　　首都"五一"游园联欢活动办公室

每束一人　请勿转让

8

Shì cǎisè de háishì hēibái de?
是 彩色 的 还是 黑白 的？

> 8課では、「AそれともBのいずれか」という選択を迫るA or Bタイプの疑問（未定）表現、疑問詞"怎么 zěnme"の用法を学びます。また、"越P越Q"という呼応形式について練習します。
> 課文では、遠藤君から近藤君に中国映画の傑作『芙蓉鎮』へのお誘いです。

CD2-02

kèwén 课文 A＝远藤 久 B＝近藤 勇

A¹: Jìnténg, wǒ gàosu nǐ yíge hǎo xiāoxi, jīntiān wǎnshang
　　近藤， 我 告诉 你 一个 好 消息， 今天 晚上

　　xuéxiào lǐtáng yǒu Zhōngguó diànyǐng. Nǐ kàn ma?
　　学校 礼堂 有 中国 电影。 你 看 吗？

B¹: Shénme diànyǐng? Gùshipiānr háishi jìlùpiānr?
　　什么 电影？ 故事片儿 还是 记录片儿？

A²: Gùshipiānr, shì《Fúróngzhèn》.
　　故事片儿， 是 《芙蓉镇》。

B²: Shì cǎisè de háishi hēibái de?
　　是 彩色 的 还是 黑白 的？

A³: Dāngrán shì cǎisè de.
　　当然 是 彩色 的。

　　Zhèbù piānzi shì yī jiǔ bā qī nián pāi de.
　　这部 片子 是 一 九 八 七 年 拍 的。

B³: Zhèige diànyǐng yǒuyìsi ma?
　　这个　电影　有意思　吗?

A⁴: Zhè shì zài shìjiè gèguó dōu hěn shòu huānyíng de diànyǐng,
　　这　是　在　世界　各国　都　很　受　欢迎　的　电影,

　　yǒuyìsijíle.　Nǐ zěnme bù zhīdào?
　　有意思极了。你　怎么　不　知道?

B⁴: Nǐ shì diànyǐngmí. Wǒ bù zěnme kàn diànyǐng, suǒyǐ bútài
　　你　是　电影迷。我　不　怎么　看　电影,　所以　不太

　　qīngchu. Shéi zhǔyǎn de?
　　清楚。　谁　主演　的?

A⁵: Nánzhǔjuér shì Jiāng Wén, nǚzhǔjuér shì Liú Xiǎoqìng,
　　男主角儿　是　姜　文, 女主角儿　是　刘　晓庆,

　　tāmen dōushì hěn hóng de yǎnyuán. Dǎoyǎn shì Xiè Jìn,
　　他们　都是　很　红　的　演员。　导演　是　谢晋,

　　yě shì yíwèi hěn yǒumíng de lǎo dǎoyǎn.
　　也　是　一位　很　有名　的　老　导演。

　　Nǐ kàn háishi búkàn?
　　你　看　还是　不看?

B⁵: Wǒ yuè tīng yuè xiǎng kàn, kěshì wǒ méiyǒu piào.
　　我　越　听　越　想　看, 可是　我　没有　票。

　　Zěnme bàn?
　　怎么　办?　　(想看☞10課)

A⁶: Méiguānxi, wǒ yǒu liǎng zhāng piào.
　　没关系, 我　有　两　张　票。

　　Wǒmen yíkuàir qù, hǎo bu hǎo?
　　我们　一块儿　去, 好　不　好?

B⁶: Nà tài xièxie nǐ le! Zánmen zài nǎr jiànmiàn?
　　那　太　谢谢　你　了! 咱们　在　哪儿　见面?

A⁷: Wǎnshang liù diǎn wǒ zài lǐtáng ménkǒur děng nǐ.
　　晚上　六　点　我　在　礼堂　门口儿　等　你。

　　Bújiànbúsàn.
　　不见不散。

B⁷: Hǎo, wǒ yídìng qù. Wǎnshang jiàn!
　　好，我　一定　去。　晚上　见!

A⁸: Wǎnshang jiàn!
　　晚上　见!

写真提供―徳間ジャパンコミュニケーションズ

A or B 型疑い文

選択肢が A と B 二つあって，その内のいずれか定めがたい状態を "**A 还是 B**" の形で表します。

你来?	or 他来?	→你来**还是**他来?
你看?	or 你不看?	→你看**还是**不看?
你是英国人?	or 你是美国人?	→你是英国人**还是**美国人?
你今天来?	or 你明天来?	→你今天来**还是**明天来?

この文型は未定の表現すなわち「疑い文」ですから，問いかけのムード助詞 "呢" を付けたり，更に大きな文の中に入ることができます。☞ 3 課

　<u>你来还是他来</u>呢?（君が来るのか彼が来るのかどっちだい？）

　我想知道<u>他是英国人还是美国人</u>。（彼がイギリス人なのかアメリカ人なのか知りたい。）

　不管<u>你今天来还是明天来</u>，我都欢迎。（君が今日来ようと明日来ようと，どちらでも歓迎します。）

置換練習：

(1) 你的孩子是 [男的／中学生／1970年生的] 还是 [女的／大学生／1971年生的]？

(2) 晚上你 [回家／先吃饭／看电视] 还是 [去喝酒／先洗澡 xǐzǎo／看电影]？

借文練習：

1a：这张邮票是日本的还是中国的？
1b：そのコンピュータは国産のですか、それとも輸入したものですか？（国产 guóchǎn，进口 jìnkǒu）？

2a：你用中文写信还是用英文写信？
2b：彼は手紙を筆（毛笔 máobǐ）で書くの、それともペン（钢笔 gāngbǐ）で書くの？

3a：你在家写报告还是在公司写报告？
3b：彼女は夕食を家で食べるの、それとも食堂で食べるの？

4a：下课以后你学习还是去打工？
4b：君達は毎朝バスで来る（坐车来 zuòchē lái）のか、それとも自転車で来る（骑车来 qíchē lái）の？

5a：你明年毕业还是后年毕业？
5b：あなたは毎日朝に薬を飲む（吃药 chī yào）の、それとも夜？

"怎么 zěnme"

　日本語で「このケーキ，君どうして食べたの？」と問われたとき，二つの解釈ができます。一つは「フォークで？　スプーンで？　手づかみで？」のように食べ方すなわち『方式』を尋ねている場合，いま一つは「ひとが大事に残しておいたものをどうしてまた…」となじり詰めよる『いぶかり』の場合です。

　中国語の疑問詞 **"怎么"** も，続く動詞句の性質によって『方式』と『詰問』の二つの意味を持ちえます。その場合，文内で重く読まれる部分(´)の位置が異なります。

　　方式：´"怎么"＋未然・動作の VP＝"怎样 zěnyàng"＋VP
　　詰問："怎么"＋´已然・状態の VP≧"为什么 wèishénme"＋VP

　動作のやり方・方式を問うとき "怎么" が重く読まれます。
(1) 日语的「いくらですか」这句话用汉语怎么说?
(2) "香港"这两个字广州话 Guǎngzhōu huà 怎么念 niàn?
(3) 你怎么去上海? 坐船 chuán 去还是坐飞机去?
(4) 我不知道怎么感谢您才好。

　否定形，"了"の付いている動詞(☞20課)，状態動詞，形容詞など静的なことばが述語である時 "怎么" は話し手のいぶかりの気持ちを表します。"为什么 wèishénme" を使う時よりも詰問的なニュアンスが濃くなります。
(5) 你怎么不说话?
(6) 都十点了，他怎么还不起来?
(7) 小朋友，你怎么一个人在这儿呀?
(8) 今天怎么这么冷?

いぶかりの"怎么"は単用する事ができます。
(9) 你怎么了？不舒服 shūfu 吗？
(10) 怎么，他们先走了？

"不怎么"は「さほど…ない」の意味で使われます。(≒"不太…")
(11) 她做的菜不怎么好吃。
(12) 我不怎么喜欢吃法国菜。

作文練習：
(1) 明日どうやって空港(机场 jīchǎng)に行くの？
 バスで行くの，それともタクシーで行くの？
(2) この品物どうしてこんなに値が高いんだ？
(3) この料理(菜 cài)すごくおいしいのに，どうして食べないの？
(4) 彼女どうしたの？ 風邪でもひいたのか(感冒 gǎnmào)？
(5) 僕はクラシック音楽(古典音乐 gǔdiǎn yīnyuè)はあまり好きではない。

ありさまのことば

ありさま・程度を示すことばは下のような体系をもっています。

こう こんなに	そう そんなに	ああ あんなに	どう？ どんなに？	なんと！ 実に！
这么 zhème		那么 nàme	怎么 zěnme	多么 duōme

語形の上では"…么 me"という共通性を持ち，文内ではすべて副詞として働きます。

 这么好(こんなに良い) ～那么好(そんなに良い)～多么好(すごく良い)
 这么说(こう言う)　～那么说(そう言う)　～怎么说(どう言う？)

8課 95

"…么"系のことばが名詞を修飾するときは間に数量詞を介さなくてはなりません。(☞24課)
　　怎么回事？（⇦怎么＋一回＋事）　「どういう事だ？」
　　这么个东西（⇦这么＋一个＋东西）「こんな品物」

["多/多么 duōme"＋形容詞]「なんとまあ…！」は感嘆表現になります。このとき感きわまって"duó/duóme"と第二声気味に読むことがあります。
　　多（么）好的人啊！
　　这朵花儿多（么）好看呀！

越 P 越 Q

"越 P 越 Q"の呼応形で「P すればするほど Q である」という意味を表します。P が"来"に固定されたイディオム"越来越 Q"「(時がたつほどに)ますます Q である」も多用されます。

練習：次のフレーズや文を読んで訳しなさい。
(1)　越多越好
(2)　越便宜越好
(3)　姜 jiāng 越老越辣 là。
(4)　雨越下越大，风也越刮越大。（刮风 guā fēng）
(5)　现在已经是［春天/夏天/秋天/冬天］了，
　　　天气越来越［暖和/热/凉快/冷］了。

借文練習：
　1a：他很着急 zháojí，越走越快。
　1b：中国語は勉強すればするほどむつかしい。

　2a：他的声音 shēngyīn 越大，我们越听不清楚(tīng bu qīngchu)。
　　　（听不清楚 ☞21課）
　2b：仕事が忙しければ忙しいほど彼は喜んでいる。

応用練習：

C：お腹すいたなあ。夕食は何を食べようか。

D：洋食（西餐 xīcān）にするか中華（中餐 zhōngcān）にするか？

C：中華にしよう。洋食はきらいなんだ。

D：じゃ，ギョーザかチャーハン（炒饭 chǎofàn）か？

C：今日は僕がおごる（请客 qǐng kè）から，もうちょっと良いの（好一点儿的）を食べようぜ。

D：そいつはありがたい。

査査字典：形声字(1)

部首を共有する漢字は，発音や意味の上でも何らかの共通性を持つグループを構成します。次の各字の読みを調べてみましょう。

(1) 主〜住〜注〜驻〜柱

(2) 青〜清〜晴〜情〜请〜睛〜精〜静

(3) 扁〜编〜蝙〜匾〜遍〜偏〜篇〜骗

9

这儿有没有公用电话？

> 9課では空間にかかわる表現や語彙を中心に学びます。語のレヴェルで方位詞，文のレヴェルで二種類の存在文をマスターしましょう。また，動詞の重ね型の意味と用法についても勉強します。
>
> なお，この課の課文から既習字のピンインをはずして声調符号だけを残します。既習の文字はいずれ声調符号なしでも確実に読めるよう努力しましょう。
>
> 課文では，孫さんが周氏を訪ねるために，道をたずねて電話をかけます。

CD2-03

课文　　A＝孙　秀丽　　B＝外地人　　C＝本地人
　　　　　D＝周经理 Zhōu jīnglǐ　　E＝电话总机 zǒngjī

—在街上—

A¹: 打听一下儿，这附近有没有 公用 电话？
　　　dǎting　　　　　　fùjìn　　　　　gōngyòng

B¹: 对不起，我是从 外地来的。这个地方我不太熟悉。
　　　　　　　　cóng wàidì　　　　　　　　　　shúxī

　　您去问问别人吧。(是…的 ☞13课)

A²: 劳驾，您是本地人吧？
　　láojià

C¹: 是啊，有事儿吗？

98

A³：我想问一下儿，这附近有公用电话吗？

C²：让我想一想，……您从这儿一直往前走，（让☞13課）
到有红绿灯的路口往右拐，那儿有一家银行，
银行前边儿有一个电话亭儿。

银行里边儿也有几个公用电话。

A⁴：离这儿远吗？

C³：不远，很近，一拐弯儿就看见了。（看见☞16課）

A⁵：谢谢您。

C⁴：不用谢。（不用☞10課）

—在银行—

A⁶：喂，华夏贸易公司吗？请转三一四分机。

E¹：现在占线，请等一下儿。……好了，请说话。

A⁷：……喂，周经理在吗？

D¹：我就是。您是哪一位呀？

A⁸: 我是孙秀丽。周先生，我有一件事儿想跟您 谈谈。

D²: 孙 小姐，你现在在哪儿？

A⁹: 我在邮局对面的国际银行。

D³: 好的，你等一等。我就来。

A¹⁰: 麻烦您。

D⁴: 没什么。一会儿见！

場所語

(1) 指示詞 zhǐshìcí

場所：

ここ	そこ あそこ	どこ
这儿	那儿	哪儿
这里	那里	哪里

方位：

こっち	そっち あっち	どっち
这边儿	那边儿	哪边儿
zhèbianr	nàbianr	nǎbianr
zhèibianr	nèibianr	něibianr

「私/君/彼/誰のところ」のように人間を原点にした場所表現を中国語では"我这儿/你那儿/他那儿/谁那儿"というふうに指示詞を援用して表現します。

　你那儿西晒 xīshài 特別厉害 lìhai，来我这儿吧。
　「君のところは西日がきついから僕のところへおいで。」

二面あるもので話し手に向いたこちら側を"这边儿"、あちら側を"那边儿"で表現します。

　山那边儿也有一个村庄 cūnzhuāng。
　「山の向こう側にも村が一つある。」

(2) 方位词 fāngwèicí

	-边儿 bianr	-面 mian	-头 tou
上 shàng-	上边儿	上面	上头
下 xià-	下边儿	下面	底下 dǐxià
前 qián-	前边儿	前面	前头
后 hòu-	后边儿	后面	后头
里 lǐ-	里边儿	里面	里头
外 wài-	外边儿	外面	外头
	旁边儿 pángbiānr		
		对面 duìmiàn	
左 zuǒ-	左边儿	左面	
右 yòu-	右边儿	右面	
东 dōng-	东边儿	东面	
南 nán-	南边儿	南面	
西 xī-	西边儿	西面	
北 běi-	北边儿	北面	

　方位词は名詞の後ろ，前いずれにも置けますが，日本語の場合と同様の意味の違いが生じます。名詞に後置するとき，"的"は省くことができます。

{ 屋子(的)**里边儿**「部屋の中」
{ **里边儿**的屋子　　「奥の部屋」

{ 书店(的)**对面**「本屋の向かい」
{ **对面**的书店　　「向かいの本屋」

　また，"上"と"里"は物をあらわす名詞の後についてその事物名詞を場所名詞化する（「…ノトコロ」）ために用いられます。このような場所化辞（*Localizer*）となったときの"上"と"里"は軽声に読み，「うえ」「なか」という具体的な意味は薄れ，物の表面や内部といった抽象的な場所を指します。日本語で逐語訳してしまうと奇妙な世界が生じます。

名詞＋"上 shang"→**表面**がクローズアップされる（二次元化）
(1) 桌子上：桌子上的书 (2) 墙上 qiángshang：墙上的地图 (3) 黑板上：在黑板上写字 (4) 飞机上：在飞机上看海
名詞＋"里 li"→**内部**がクローズアップされる（三次元化）
(5) 家里：家里的人 (6) 冰箱里 bīngxiāngli：冰箱里的啤酒 (7) 池子里 chízili：在池子里养鱼 (8) 院子里 yuànzili：在院子里种树

借文練習：上の例を借りて，次の語句を中国語に訳しなさい。
(1) 本棚の雑誌（书架 shūjià）
(2) 壁のポスター（海报 hǎibào）
(3) 黒板に絵を描く（画画儿 huà huàr）
(4) 機内で本を読む
(5) 教室内の学生（教室 jiàoshì）
(6) 冷蔵庫の中のもの（东西 dōngxi）
(7) 池で泳ぐ（游泳 yóuyǒng）
(8) 部屋で食事をする

存在文

中国語には事物の存在をいう動詞が"在 zài""有 yǒu"の二つあります。日本語の「いる」「ある」は主語が有情物か非情物であるかによって使い分けますが，中国語の"在""有"は事物の**所在**を表すのか**存在**を表すのかによって使い分けられ，語順も逆転します。

1　**所在**：特定の事物について，それがどこにあるかその**所在地を言う**
文型：
「□（＝the NP）は△にある/いる。」

事物 *specific* NP ＋［在/不在］＋場所 NP
□　　　　　　　在/不在　　　△
他　　　　　　　在　　　　　　哪儿?
国际银行　　　　在　　　　　　邮局对面。

2　**存在**：特定の場所について，そこになにがあるかその**存在物を言う**
文型：主語が人間など意志的な場合は「**所有**」を表すことになる：
「▲に■（＝a NP）がある/いる。」〜「▲は■を持っている。」

場所 NP ＋［有/没有］＋事物 *non-specific* NP
▲　　　　　　有/没有　　　　■
家里　　　　　没有　　　　　人。
桌子上　　　　有　　　　　　一本词典。
房间里　　　　有　　　　　　两个电视机。　（存在）
我　　　　　　有　　　　　　两个电视机。　（所有）

日本語で封筒に「写真在中」と書く時，動詞"在"を用いた文型1の所在表現になります。同じことを中国語では"内有照片"と書き，動詞"有"を用いた文型2の存在表現を使います。

置換練習：

(1) | 我的护照 | | 哪儿？ |
    | 北京大学 | 在 | 清华大学西边儿。 |
    | 新华书店 | | 王府井 Wángfǔjǐng。 |

(2) | 盒子 hézi 里 | | 什么？ |
    | 他们家里 | 有 | 一只狗。 |
    | 我的钱包里 | | 很多钱。 |

書換練習： 指示にしたがって書換えなさい。

(1) 否定文にしなさい。
　　饭店里 fàndiànli 有游泳池 yóuyǒngchí。→
　　你的钥匙 yàoshi 在信箱里 xìnxiāngli。→

(2) 肯否型疑問文にしなさい。
　　冰箱里有啤酒吗？→
　　明天你在家吗？→

(3) 下線部を問う疑問詞疑問文を造りなさい。
　　房间里有<u>一张桌子和两把椅子</u>。→
　　厕所 cèsuǒ 在<u>浴室 yùshì 那边儿</u>。→

借文練習：

1a：图书馆不在教学楼 jiàoxuélóu 对面，在礼堂对面。
1b：あなたの辞書なら机の上ではなくて、本棚の上にあります。

2a：我家前边儿有一个花园 huāyuán，花园里有很多好看的花儿。
2b：わが家の裏には大きな木が一本（一棵 kē 大树 dàshù）あって、木には小鳥がたくさんいる。

9課

空間(時間)に関する介詞："从 cóng""到 dào""离 lí""往 wǎng"

"从 cóng"＋N ：出発点、経過地「…から，を経て」
　　［空間表現］**从**中国进口的蔬菜 shūcài
　　［時間表現］**从**现在开始

"到 dào"＋N ：終点、到着地「…まで，…へ」
　　［空間表現］欢迎你们**到**中国来!
　　［時間表現］**到**八月为止 wéizhǐ

"离 lí"＋N ：二点間距離の基点「…より・から」
　　［空間表現］你家**离**学校远不远?
　　［時間表現］**离**圣诞节 shèngdànjié 还有五天

"往 wǎng"＋N ：方向「…に向かって」
　　［空間表現］水**往**低处流,
　　　　　　　　人**往**高处走。

置換練習：

(1) "你是从哪儿来的?""我是从 ［中国　广州　日本京都／学校　剧场 jùchǎng　他那儿］ 来的。"

(2) "你到哪儿去?""我到 ［东京　美国　北京／图书馆　食堂　张老师那儿］ 去。"

(3) "图书馆离你家远吗?""离我家 ［很近　不远　不太远　很远／有十公里　只有半公里］"。

(4) "往前走吗?""不，往 ［南走　里走／右拐　后退 tuì］"。

(5) 从 ［北京／这儿／九二年］ 到 ［上海／那儿／九五年］　　从 ［早／头 tóu／古 gǔ］ 到 ［晚／尾 wěi／今 jīn］

動詞の重ね型

動詞を重ねると「少し・ちょっと・ひとつ……してみる」のように，**動作行為の回数や継続時間の軽減化**を意味します。

（例）B[1]：您去**问问**别人吧。
　　　C[2]：让我**想一想**，…
　　　A[8]：我有一件事儿想跟您**谈谈**。

重ね型の形式には次のようなヴァリエーションがあります。

	ストレス	一音節動詞	二音節動詞
		重＋軽	重＋軽＋中＋軽
a	VV	看看（ちょっと見る）	介绍介绍（ちょっと紹介する）
b	V一V	看一看	
c	V了V	看了看（ちょっと見た）	φ
d	V了一V	看了一看	

二音節の動詞 xy は xyxy に重なるだけで，間に"一"も"了"も入りません。

動詞に"一下儿 yíxiàr""一会儿 yíhuìr/yìhuǐr"を付けた形も動詞重ね型に準じます。"一下儿"は動作回数の少なさ，"一会儿"は動作継続時間の短かさをいうことばです。

e	V一下儿	等一下儿（ちょっと待つ） 休息 xiūxi 一下儿（ちょいと休憩する）
f	V一会儿	等一会儿（しばらく待つ） 休息一会儿（しばらく休憩する）

発音練習：次の動詞を重ね型にして発音しなさい。
　　(1) 数 shǔ　(2) 说　(3) 等　(4) 想　(5) 问
　　(6) 准备 zhǔnbèi　(7) 研究 yánjiū　(8) 商量 shāngliang

9課　107

日訳練習：
(1) 老师说这本小说很有意思，我也想看看。
(2) 经常打打球，跑跑步，对身体有好处。(跑步 pǎobù)
(3) 那个人和我握 wò 了握手，问：″您贵姓？″(握手☞20課，離合詞)

　　重ね型動詞は動作行為の量を軽減した表現になるので、相手にかける負担の減少につながるため依頼や勧誘など**非強制的な命令文**を造るときに欠かせません。また日本語の「(試みに)……してみる」という言い方に並行して中国語でも"VV看"という表現ができます。
　　你说说！～你说说看！「言ってみなさい。言ってごらん。」
　　我试试。～我试试看。「ちょっとためしてみます。」

日訳練習：次の文を読んで訳しなさい。
(1) 这个电影很有意思，你可以 kěyǐ 看看。(可以☞10課)
(2) "可以进来吗？""请等一等。……好，请进。"
(3) 星期天我们一起去公园玩儿玩儿吧。
(4) 请给我们介绍介绍您的经验 jīngyàn。
(5) 他用手推 tuī 了推我，说：″别睡了，你醒醒 xǐngxing！″
(6) 这个菜真好吃，你尝 cháng 尝看！
(7) 我们都累 lèi 了，休息一会儿吧。

中訳練習：VV型動詞を使って訳しなさい。
(1) テキストでわからないところ(课本上不清楚的地方)は先生にきけばよい。
(2) 私たち周さんに相談(商量 shāngliang)しましょうよ。
(3) これは間違っているからもう一度(再 zài)考えてごらん。
(4) ちょっと辞書をひいて(查 chá)みなさい。

応用練習:

F:ちょっとお尋ねします,貿易センター(中心 zhōngxīn)ご存知ですか?

G:知ってます。ここから近いですよ。

F:どう行けばよいでしょう?

G:まっすぐ歩けばすぐ着きます。駅(火车站 huǒchēzhàn)のすぐ向かいにあります。

F:わかりました。どうもありがとう。

G:どういたしまして。

10

我要理发。

10課では能力や願望を表す助動詞をまとめて学びます。否定形の場合，単純に"不"を付けるだけでは意味がずれるので注意が必要です。

課文は理髪店を場面にして，髪型に注文をつけてみます。

CD2-04

课文　A＝理发师 lǐfàshī　B＝顾客 gùkè

A¹: 您早！

B¹: 师傅，您早！我要理发，现在可以吗？
　　　shīfu　　　　 lǐ fà　　　kěyǐ

A²: 可以！请这边儿坐。您要理什么式样？
　　　　　　　　　　　　　　　　shìyàng

B²: 您会理什么式样？
　　　huì

A³: 新式、老式我都会理。

B³: 有没有发型样子？
　　　　　　fàxíng

A⁴: 有，您看看，喜欢哪种？这种新式怎么样？
　　　　　　　　　　něi

B⁴: 这个式样我不敢, 还是照原来的样子理吧。

A⁵: 您得大胆一点儿。您理这个式样, 一定很好看。
（大胆一点儿☞17課）

B⁵: 好, 听您的。那就给我理这个式样吧。

A⁶: 好的, 您可以放心, 会满意的。

B⁶: 师傅, 前面的头发不要剪得太短。我想留长点儿。
（剪得太短☞11課）

A⁷: 别着急, 先要洗头。
……要不要吹风?

B⁷: 要吹风, 不要搽油。

A⁸: 要不要刮脸?

B⁸: 不用刮脸, 刮刮胡子就行了。

A⁹: 好, 知道了。……

给您照照镜子, 您看怎么样? 挺好看的!

B⁹: 还可以, 谢谢师傅。

助動詞

助動詞は用言(動詞，形容詞)フレーズを目的語に取って，能力や意志願望などを表す動詞の下位類です。中国語で"能愿动词 néngyuàn dòngcí"と呼ばれるとおり動詞の一種ですから，[肯定＋否定]の未定表現を造ったり，それのみ単独で使ったりすることができます。ただし，重ね型(☞9課)が無いことやアスペクト助詞(☞12課)が付かないことなど一般の動詞に比べて制約があります。

能力	能 néng	能够 nénggòu	会 huì	可以 kěyǐ
意志願望	要 yào　想 xiǎng　愿 yuàn　愿意 yuànyì 敢 gǎn			
必要性	要 yào	需要 xūyào	得 děi	必须 bìxū
当然・必然	应该 yīnggāi　应 yīng　该 gāi 应当 yīngdāng			
蓋然性	会 huì	要 yào	能 néng	可能 kěnéng

1．**能力**「…できる，…できない」
a　肉体，生理，知能に能力があって　："能↔不能"
　　　　每天你**能**记 jì 多少生词 shēngcí?
　　　　他的病好了，**能**走路了。
b　環境，条件，材質などから　："能，可以↔不能"
　　　　你今年**能不能**去中国留学?
　　　　能不能帮我们按 àn 一下快门儿 kuàiménr?
　　　　牛肉 niúròu **可以**生吃 shēngchī，猪肉 zhūròu **不能**生吃。
c　習慣，規則，道理的に許されて　："可以，能↔不能，不可以"
　　　　请问，这儿**可以**吸烟 xī yān 吗?
　　　　老师，这本书**可以**复印 fùyìn 吗?
　　　　骑自行车**不能**带人。
d　訓練，学習の結果，技術を習得して："会↔不会"
　　　　你**会不会**游泳 yóuyǒng? ～我根本 gēnběn **不会**游泳。
　　　　这个小孩儿刚 gāng **会**走路，还**不会**说话。

比較 「Vできる」

会V	会得した技術でVできる	你会游泳吗？
能V	能力があってVできる	你能游多远？
可以V	許可されてVできる	这里可以游泳吗？

発展：

(1) "能V" "会V" で「…するのがうまい，上手だ」の意味をもちます。その時 "很 hěn　真 zhēn　最 zuì" などの程度副詞がよく修飾します。

　　能说会道 néngshuō huìdào　（四字句）弁が立つ，口達者である
　　他很能喝酒。　　　　　　彼は大酒飲みだ。
　　他真会拍马屁 pāi mǎpì。　あいつは本当にお世辞がうまい。
　　远来的和尚会念经 yuǎnláide héshang huì niànjīng。（俗語）
　　（遠くから来てくれた和尚さんはお経がうまい。）→遠来のものほど有難みが多い。遠きは花の香り。

(2) "可以" ＋動詞重ね型で，「…してみると良い」という意味の推賞や助言の表現になります。

　　那个电视剧很有意思，你可以看看。

(3) また "可以" は動詞なしで述語や補語になって「まずまず…である・まあ許せる範囲内にある」といった形容詞的な意味を表します。この時，副詞 "还 hái" がよく前につきます。

　　你最近身体怎么样？～还可以。

2．意志願望「…したい，…したくない」

想 xiǎng V「…したい（と思う）」："很 hěn，非常 fēicháng"など程度を深める副詞の修飾を受けることができます。

cf.本動詞としての用法では「思う，考える」＝我想，他今天很忙。(今日彼は忙しいことと思う。)

  你**想不想**吃生鱼片？～我很**想**吃生鱼片。

  癞蛤蟆 lài háma 想吃天鹅 tiān'é 肉。(俗语)

  (ガマガエルが白鳥の肉を食べたがる)→身のほど知らずの願望をいだく。

 要 yào V「…したい，…するつもりだ」

cf.本動詞としての用法では「欲しい，要求する」＝我要那本词典。(あの辞書が欲しい。)

  这本小说你**要**看吗？～我**要**看。

  我有话**要**跟你说。

"想"と"要"は"想要 V"の順で共存することがあります。

  我**想要**看电影，不想看书。

「…したくない，…するつもりがない」は"不想 V"を使います。ちなみに"不要 V"は「…してはいけない」という禁止をしめします。

  明天你**想**去看电影吗？～我**不想**去，我要在家休息。

"敢 gǎn V"は「あえて・おもいきって…する」，"不敢 V"は「…するだけの勇気・度胸がない，よう…しない」の意味です。

  他胆子 dǎnzi 太小，**不敢**骑马。

  您的话谁**敢**不听呢？(あなたの話を誰が聞かないだけの勇気がありましょうか)→あなたの話は誰もが聞きます。

3. **必要性**「…ねばならぬ」"要 yào　需要 xūyào　得 děi　必须 bìxū"
   　　　　「…てはならぬ」"不要 búyào＝别 bié"
   　　　　「…にはおよばぬ」"不用 búyòng＝甭 béng"
   医院里**要**安静 ānjìng，**不要**吵闹 chǎonào。
   明天开会，你**必须**来参加 cānjiā。
   你千万 qiānwàn **不要**说谎 shuōhuǎng!
   这个句子 jùzi 很简单 jiǎndān，**不用**翻译。

4. **当然**「(道理上)…するべきである」"应该 yīnggāi"
   　　　 「(道理上)…すべきではない」"不应该"
   你们学习汉语，**应该**会说、会听、会念。
   我们大家**应该**爱护 àihu 公共财产 gōnggòng cáichǎn。

5. **必然**「…して然るべきである」"该 gāi"
   　　　 「…しては良くない」"不该 bùgāi"
   时间太晚了，我**该**走了。
   那儿很危险 wēixiǎn，你**不该**一个人去。

6. **蓋然性**「…はず・見込みである」"会 huì　要 yào　能 néng
   　　　　　　　　　　　　　　　　　可能 kěnéng"
   　　　　「…はず・可能性がない」"不会""不可能"
   你放心，将来 jiānglái 一切 yíqiè 都**会**好**的**。
   　▽ "会"は文末に来る確信のムード助詞 "的" とよく呼応します。「…はずに違いない」
   天气预报 tiānqì yùbào 说，明天**要**下大雨。
   他儿子今年**要**大学毕业**了**。
   　▽ "要"は文末に来る変化のムード助詞 "了" と呼応して「(まもなく)…になる」の意味を表します。
   这么晚，他还**能**来吗?
   他昨天出差 chūchāi 去了，今天**不会**在家。
   他是这儿的负责人 fùzérén，**不会**不来。
   今天我**不可能**回来。

作文練習:

(1) 「君はスキー(滑雪 huáxuě)ができますか?」
「スキーはできません。スケート(滑冰 huábīng)はできます。」
(2) 「今日の午後はあなた何をするつもり?」
「部屋を整理(收拾 shōushi)しようと思います。」
(3) この雑誌は無料(免費 miǎnfèi)のですから,自由に(随便)持って行って(拿走 názǒu)いいですよ。
(4) 今日は僕のおごりです,あなたはお金をはらう(付钱 fù qián)必要はありません。
(5) 我々は一つ共通の目標(共同目标 gòngtōng mùbiāo)を持つべきである。
(6) 若者(年轻人 niánqīngrén)は決して時間を無駄にして(浪费 làngfèi)はいけません。
(7) 彼女は今日デート(约会 yuēhuì)があって来られない。
(8) 「あした雨が降るかなあ?」「まさか降らないだろう。」

程度副詞

絶対的程度

很 hěn	:「…だ。」(強く読むと「とても…だ。」)
挺 tǐng(…的。)	:「とても…だ。」(話しことば)
太 tài(…了。)	:「あまりに…だ。…すぎる。」
真 zhēn	:「まことに…だ。」
非常 fēicháng	:「非常に…だ。」
特別 tèbié	:「とりわけ…だ。」
比較 bǐjiào	:「わりに…だ。」
有点儿 yǒudiǎnr	:「少し…だ。」(☞12課)

相対的程度

最 zuì	:「いちばん…だ。」
更 gèng	:「もっと…だ。」
还 hái	:「まあ…だ。」

応用練習：

C：卒業後（毕业以后 bìyè yǐhòu）はどんな仕事をしたい？
D：僕は通訳になりたい（当翻译 dāng fānyì）。
C：君はフランス語ができるからね，僕はフランス語は全く話せない。
D：とんでもない，ちょっと話せるだけさ。で，君は？
C：僕は香港へ留学したいなあ。
D：香港へ行って何を勉強したいの？
C：広東語（广州话 Guǎngzhōu huà）をぜひとも勉強したい。
D：そりゃいい，ぜひ行くべきだ。

査査字典：多音字(1)

中国語の漢字は原則的に一字一音です。しかし，幾つかの漢字には，意味の違いを反映して複数の発音があります。次の各字の読みと意味を調べてみましょう。

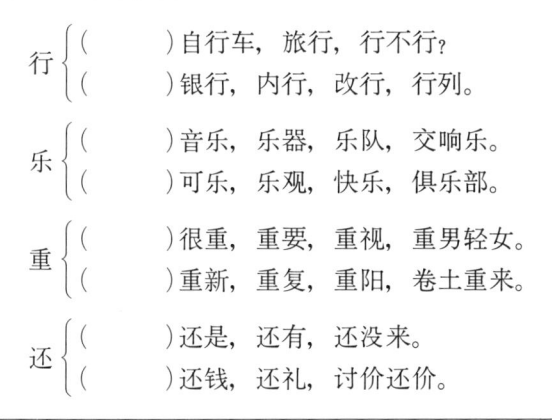

行 ｛
（　　）自行车，旅行，行不行？
（　　）银行，内行，改行，行列。

乐 ｛
（　　）音乐，乐器，乐队，交响乐。
（　　）可乐，乐观，快乐，俱乐部。

重 ｛
（　　）很重，重要，重视，重男轻女。
（　　）重新，重复，重阳，卷土重来。

还 ｛
（　　）还是，还有，还没来。
（　　）还钱，还礼，讨价还价。

PART 3

中級編

11

我跳舞跳得不好。

> 中国語は動詞がそれのみ裸で使われることは少なく，補語が大いに活躍する言語です。11課ではまず程度補語について学びます。
> 课文はアンナさんの誕生日パーティを舞台として孫君がおしゃれな李さんにアプローチをかけます。

CD2-05

课文　A＝安娜 Ānnà　B＝孙 阳光　C＝李 爱文

A¹: 小孙，你来了。欢迎，欢迎。

B¹: 哎呀，对不起，我来得太晚了。

A²: 没关系，你来得正好，舞会(wǔhuì)就要开始了。快进来吧。

B²: 安娜，祝你生日快乐(kuàilè)。

　　这束(shù)花儿是我的一点儿心意(xīnyì)，请收下(shōuxia)。

A³: 真漂亮(piàoliang)! 太谢谢你了。

B³: 今天的晚会可真热闹(rènao)。同学们都来了吧？

A⁴: 差不多 都来了。你看，李爱文今天 穿 得挺好看的。
　　　chàbuduō　　　　　　　　　　　　chuān

B⁴: 可不是，我去跟她打个 招呼。
　　　　　　　　　　　　　zhāohu

　　……小李，今天你打扮得真漂亮。
　　　　　　　　　dǎban

C¹: 谢谢你呀。怎么样，我可以请你 跳舞 吧？
　　　　　　　　　　　　　　　　tiàowǔ

B⁵: 当然可以。不过，我跳得不好。

C²: 很 简单，我可以教你。来，这样…一二三、二二三……
　　jiǎndān

　　对，对，你跳得真好。

B⁶: 哪里，哪里。你教得很好。

C³: 过奖，过奖。
　　guòjiǎng

程度補語

　中国語で活躍する補語とは，用言の後ろにあって，動詞や形容詞などに細かな情報を追加する成分です。程度補語(11課)，結果補語(16課)，可能補語(21、22課)，方向補語(16、17課)などに下位分類することができます。

　程度補語とは，習慣的な行動やすでに結果の出ている行為(動詞によって表される)あるいは何らかの状態(形容詞によって表される)についてその程度やありさまを描写するものです。状態補語，様態補語などと呼ばれることもあります。

例えば課文の"我来得太晚了。"をあえて直訳すると「私は(すでに来ているが,その)来かた(の程度)があまりに遅すぎた。」という発想の表現です。この文では"太晚了"が程度補語になっています。
　ここで重要な点は,程度補語は動詞の後に直接置くことができず,動詞に"得"を付けてやる操作が必要なことです。(＊我来太晚了)
　　文型Ⅰ：S＋V得＋程度補語：我来得太晚了。
　　　　　　　　　　　　　(私は来るのが遅すぎた。)

　動詞にひとたび"得"が付くと,この"V得"はもう動詞の性質をすっかり失ってしまいます。
　まず,否定のとき"不"はこの動詞くずれ"V得"に係ることはできません。否定語は補語に対して係ります。
　　＊我不来得很晚。→我来得不晚。

　次に,この動詞くずれ"V得"は目的語Nを取ることもできません。
　　＊你跳舞得很好。　＊你跳得舞很好。
　　→你 跳舞跳得很好 。(君は踊りを踊るのがうまい。)

　この場合,目的語Nの処理に関連して幾つかの文型があります。一つは上例のように動詞V＋目的語Nを"V得"の前に置いて,結果的にはVを繰り返す文型です。
　　文型Ⅱ：S＋VN＋V得＋程度補語：你跳舞 跳得很好 。
　　　　　　　　　　　　　(君はダンスがうまい。)

　第二は目的語が自立できる名詞であれば,目的語Nを"V得"の前に引き上げてVの繰り返しを避ける文型です。これで主述述語文(☞6課)ができあがります。また文脈によって,特定の事物を指す目的語Nは主語を越えて文頭に立ち全文の主題 *Topic* になることもあります。
　　文型Ⅲ：S＋N＋V得＋程度補語：他英语 说得很好 。
　　　　　　　　　　　　　(彼は英語を話すのがうまい。)
　　Topic N＋S＋V得＋程度補語：英语他 说得很好 。
　　　　　　　　　　　　　(英語は彼が話すのがうまい。)

第三は目的語を主語の所有物扱いにする文型です。

文型Ⅳ：S的N＋V得＋程度補語：他的英语 说得很好 。

(彼の英語は話すのがうまい。)

文型Ⅰ	S ＋ V得＋程度補語	他　　　　说得很好。
文型Ⅱ	S＋VN＋V得＋程度補語	他　说英语　说得很好。
文型Ⅲ	S ＋N＋V得＋程度補語	他　　英语　说得很好。
	Topic N ＋S＋V得＋程度補語	英语　他　　说得很好。
文型Ⅳ	S的N ＋V得＋程度補語	他的英语　　说得很好。

発音練習：上から順に読みなさい。

(1) ［弹钢琴 tán gāngqín］
　　　　弹得很好
　　　　钢琴弹得很好
　　　　弹钢琴弹得很好
　　　　她弹钢琴弹得很好。

(2) ［念课文 niàn kèwén］
　　　　念得很流利 liúlì
　　　　课文念得很流利
　　　　念课文念得很流利
　　　　她念课文念得很流利。

置換練習：

(1)
Q：他汉语说得怎么样？
A：他汉语说得很好。

| 日语～不太好 |
| 英语～还可以 |
| 法语～挺流利的 |
| 德语～非常流利 |

(2)
你说话说得太快了，
请你说得慢一点儿!

| 走路～慢～快 |
| 写字～小～大 |
| 写信～长～短 |
| 切 qiē 肉～厚 hòu～薄 báo |

借文練習：

1a：你说得很对，我完全 wánquán 同意 tóngyì。
1b：彼の言うとおりでしょうか？ 僕は反対です。

2a：张师傅开车开得不快也不慢，很安全 ānquán。
2b：周先生の書く字は大きくも小さくもなく，とても美しい。

3a：这个句子他翻译得怎么样？ ～翻译得非常正确 zhèngquè。
3b：昨晩はよく眠れましたか？ ～ぐっすり（香 xiāng）眠れました。

4a：他姐姐长 zhǎng 得真漂亮。
4b：弟はあまり背が高くない。

日訳練習：

1：时间过得真快。
2：他说得太快了，我听得不太清楚。
3：筷子我还用得不好，我想再试试。
4：护士 hùshi 对病人照顾 zhàogu 得很周到 zhōudao。
5：今天热得要命 yàomìng。

応用練習：

D：あなたの奥さん，料理（做菜 zuò cài）がお上手ですね。
E：いやいや，ほめすぎですよ。
D：この肉，柔らかく煮込んでありますね（炖得很嫩 dùn de hěn nèn）。
E：あなた，しゃべってばかりで（只顾 zhǐgù 说话），少ししか食べてませんよ。さあ，遠慮しないで，もっと食べて下さい。
D：もうお腹いっぱい（很饱 hěn bǎo）いただきました。
　　充分です（够了 gòu le）。
E：コーヒーにしますか，紅茶にしますか？
D：ありがとう，両方とも結構（不要）です。

CD2-06
応用表現1：謝罪とその応答

謝罪の表現

1	对不起。	太对不起您了。
2	请原谅 yuánliàng。	请多多原谅。
3	抱歉 bàoqiàn。	非常抱歉。
4	是我不好。	

その応答

5	没(有)什么。	没(有)关系 guānxi。
6	不算什么。	算不了什么 suànbuliǎo shénme。
7	哪里，哪里。	

CD2-07
応用表現2：祝福

「……を祈ります」"祝 zhù, 祝愿 zhùyuàn"

祝你	成功 chénggōng!
祝你	生日快乐!
祝你	新年快乐!
祝你	健康长寿 jiànkāng chángshòu!
祝你	身体健康!
祝你	一路平安 yí lù píng'ān!
祝你	一帆风顺 yì fān fēng shùn!
祝你	旅途愉快 lǚtú yúkuài!
祝你	工作顺利 shùnlì!
祝你	万事如意 wànshì rúyì!

| 祝你们 | 早生贵子 zǎoshēng guìzǐ! |

| 祝愿你 | 早日 zǎorì 恢复 huīfù 健康! |

「おめでとう」"祝贺 zhùhè"

| 向你表示祝贺！Xiàng nǐ biǎoshì zhùhè! |
| 祝贺你们胜利归来！Zhùhè nǐmen shènglì guīlái! |
| 恭喜 Gōngxǐ，恭喜! |

12

他去医院了吗？

> 12課では二つの"了"について学びましょう。一つは文末に付いて已然・変化をあらわすムード助詞"了$_M$"、いま一つは動詞に付いて発生・実現のアスペクトをあらわす"了$_A$"です。共に時制(テンス)の概念とは別のものですから英語などからの類推は禁物です。
> 課文は木下君の病気をめぐって教室と病院で展開します。

CD2-08

课文　A＝林老师　B＝青木 明　C＝木下 信也　D＝郑大夫

—在班上—

A¹: 同学们早！现在 开始　点名：　青木（…到。）
　　　　　kāishǐ　diǎnmíng　Qīngmù

　　井上（…到。）大山（…到。）川合（…到。）木下…
　　Jǐngshàng　　　　　　　　　　　　Chuānhé

　　木下同学去哪儿啦？他今天 为什么 没有来？
　　　　　　　　　　　　　　wèishénme

B¹: 林老师，木下同学 病 了。
　　Lín　　　　　　　bìng

A²: 他去医院了吗？

B²: 没有。他没去医院。昨天他觉得不 舒服，就 吃药 了。
　　　　　　　　　　　　　　juéde　shūfu　　chīyào

A³: 他什么病？

B³: 他 好像 感冒 了。
　　　hǎoxiàng gǎnmào

A⁴: 天气越来越冷了，你们要注意身体，去外边儿不要穿得
　　tiānqì　　　　　　　zhùyì shēntǐ

太少了。下面，黑田(…到。)……

一在医院一

C¹: 郑 大夫，您好。
　　Zhèng

D¹: 你好，请坐，你怎么了？

C²: 我觉得很不舒服，什么也不想吃。

D²: 几天了？

C³: 已经三天了。

D³: 哪儿不舒服？

C⁴: 我头疼，疼得厉害。
　　　　téng　lìhai

D⁴: 咳嗽不咳嗽？
　　késou

C⁵: 不咳嗽，不过常打喷嚏，流鼻涕。
　　　　　　　　　　pēntì　bítì

12课

D⁵: 发烧不发烧？

C⁶: 我觉得有点儿冷，大概发烧吧。

昨天吃药了，可是一直没有退烧。

D⁶: 你不能随便吃药啊！先试试表，请放好体温表。……

好了，时间到了。我看看表。三十八度八，有点儿发烧。

请张开嘴，啊——，我看看，嗯，嗓子有点儿红。

解开上衣，我听听……深呼吸…呼…吸…

再呼…再吸…好了。请穿上衣服。

(放好,张开,解开,穿上☞16课)

C⁷: 大夫，我是什么病？

D⁷: 不要紧，是流行性感冒，没有别的病。

先打一针吧。

C⁸: 要打针吗？我最怕打针。郑大夫，求求您，别打针！

D⁸: 我再给你开一点儿中药。(再☞13课)

一天吃两次，早上一次，晚上一次。(两次☞15課)

C⁹：中药很苦吧。我可受不了！(受不了☞22課)

D⁹：怕什么！"良药苦口利于病"嘛，流感还是吃中药

　　　效果好。(怕什么！☞25課)(还是☞20課)

　　　打完针，吃点儿药，多喝开水，休息两天就好了。
　　　　　　　　　　　　　　　　　　(打完☞16課)(多喝☞23課)

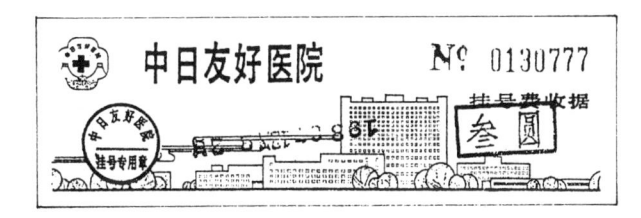

已然・変化のムード助詞"了ₘ"と発生・実現のアスペクト辞"了ₐ"

1．已然・変化のムード助詞"了ₘ"

　文末に付くムード助詞"了 le"は，その文で述べてあることが既に現実の事態であること(已然)，あるいはまた，その文で述べてある状態になったこと(変化)を話し手が気付き確認するムードを表します。

　"了 le"は"啊 a"と連続して"啦 la"と読み，書かれることがあります。"了＋啊"(le＋a) ⇨ "啦 la" という関係です。

未然形	已然形	変化形
你去医院吗？ 病院に行くか？	你去医院**了**吗？ 病院に行ったのか？	你想去玩儿**了**吗？ 遊びに行きたくなったか？
我不去医院。 病院に行かない。	我**没**去医院。 病院に行ってない。	我不想去玩儿**了**。 遊びに行きたくなくなった。

12課

発音練習：

1：已然形
　　①去哪儿<u>了</u>?　　　去医院<u>了</u>吗?　　　去医院<u>了</u>没有?

　　②吃什么<u>了</u>?　　　吃晚饭<u>了</u>吗?　　　吃晚饭<u>了</u>没有?

2：変化形：述語は形容詞や状態動詞など静的なことばです。
　　①树叶 shùyè 红<u>了</u>吗?　树叶已经红<u>了</u>。　树叶还没有红呢。

　　②儿子上中学<u>了</u>吗?　儿子已经上中学<u>了</u>。儿子还没上中学呢。

　　③下雨<u>了</u>。　　　　　　④天晴 qíng <u>了</u>。
　　⑤春天<u>了</u>。=春天到<u>了</u>。　⑥我已经三十多(岁)<u>了</u>。
　　⑦没有<u>了</u>。　　　　　　⑧不见<u>了</u>。
　　⑨十二点<u>了</u>，该吃饭<u>了</u>。　⑩天都黑<u>了</u>，你们该回家<u>了</u>。
　　⑪已经老<u>了</u>，头发也白<u>了</u>。⑫太好<u>了</u>!

置換練習：

(1)
Q：昨天上午你去哪儿了?
A：去<u>游泳</u>了。

| 野球をしに行った |
| 電報を打ちに行った |
| 買い物に行った |
| 病院に診察に行った |

(2)
Q：昨天下午你打网球了吗?
A：没有，我<u>打乒乓 pīngpāng 球</u>了。

| バドミントン(羽毛球 yǔmáoqiú)をした |
| バスケットボール(篮球 lánqiú)をした |
| バレーボール(排球 páiqiú)をした |
| サッカーをした(踢 足球 tī zúqiú) |

(3)
Q：电影开始了吗？
A：还没开始呢。
Q：几点开始？
A：六点开始。

試合（比赛 bǐsài）	6：30p.m.
宴会（宴会 yànhuì）	8：15p.m.
ニュース番組（新闻节目 xīnwén jiémù）	7：00a.m.
卒業式（毕业典礼 bìyè diǎnlǐ）	10：20a.m.

(4)
Q：你还头疼吗？
A：我已经不疼了。

熱がある
食べたい
家に帰りたい

(5)
Q：请问，还有票吗？
A：对不起，已经没有了。

パン
夕刊
お湯
フィルム（胶卷儿 jiāojuǎnr）

2．実現のアスペクト辞"了$_A$"

　動詞 V の直後に付く接尾辞"了-le"は，V の表す動作行為が発生・実現した段階(相，アスペクト aspect)にあることを表します。日本語では「…した」と訳すのが常ですが，動作 V が発生・実現する時間は過去，現在，未来のいずれの時制(テンス tense)であってもかまいません。特に，過去時制との混同をしないように注意しましょう。

　　明天下了课，我们一起去买书吧。(明日授業がすんだら一緒に本を買いに行こうよ。)
　　要是你爱人病倒了，你怎么办呢？(もし奥さんが病気で倒れたら君どうするの？)

実現相"V了"(…した)の否定形は"了"を落として"没(有)měi(you) V"(…していない)とします。未然の事態を否定する副詞"不"では否定せずに**已然事態の否定副詞"没(有)"**を使うこと，"了"を落とすことの二点に注意しましょう。(没有☞14課)

非実現相(未然)	実現相(已然)
看　　　　　見る	看了　　　　　見た
不看　　　　見ない	没看、没有看　　見ていない
看不看　　　見るか？	看没看、看了没　見たか？
Q1 你看几本杂志?	Q3 你看了几本杂志?
A1 我看三本杂志。	A3 我看了三本杂志。
Q2 你看不看杂志?	Q4 你看没看杂志?/你看了杂志没有?
A2 我不看杂志。	A4 我没看杂志。

実現相"V了"を用いて文を言い切るには，目的語に数量詞もしくは他の修飾語を伴って動作行為の**実現した具体的な姿を量的に表現**せねばなりません。

裸の名詞が目的語であるとき，文はそこで切れないで，いわば条件を提示するようなおもむきで後文に続きます。その時，後文にはつなぎのことばとして副詞の"就jiù"(7課)や"再zài"(13課)が多くあらわれます。

つまり，中国語では下の日本語の括弧内の部分を言い足さねば文が落ち着きません。

　　　言い切り：私はご飯を(一杯)食べた。　　　　我吃了一碗饭。
　　　つなぎ　：私はご飯を食べた(ら,すぐ寝た)。　我吃了饭，就睡了。

発音練習：

1：言い切りタイプ
　　①吃了一碗饭。　　②问了一个问题。　　③钓 diào 了两条鱼。
　　④看了很多电影。　⑤认识了几个朋友。　⑥参加了那个舞会。

2：つなぎタイプ
　　⑦吃了药就睡。　⑧到了东京就给我打电话。　⑨等他来了再说。

置換練習:

(1) 言い切りタイプ

  A：你买什么了?
  B：我买字典了。
  A：买了几本字典?
  B：买了一本。

自転車	2台
記念切手	3シート
ノート	5冊
ビール	1ダース

(2) つなぎタイプ

  A：明天你下了课去哪儿?
  B：明天我下了课就回家。

昼食	公園へ行く
退勤	映画を見に行く

3. "了$_A$" + "了$_M$"

☆一つの文の中に実現相の"了$_A$"(アスペクト辞)と已然形の"了$_M$"(ムード助詞)の両方があらわれることがあります。その時,目的語は数量表現を伴わなくても文は強制的に言い切りになります。

  我吃**了**午饭**了**。 ⇨ {我吃了$_A$(実現)午饭} 了$_M$(已然)。
       私は昼食を食べた。

★実現相の"了$_A$"と変化形の"了$_M$"が共に現れると,そこで述べられている事態が現在までのところどれだけ経過しているかを表し,今後もなおそれが継続して行く含みを伝えます。(☞15課)

  我病**了**三天**了**。 ⇨ {我病了$_A$(実現)三天} 了$_M$(変化)。
      私は病気になって三日たった。
       (今なお継続中=まだ治っていない。)
cf. 我病**了**三天。 ⇨ {我病了$_A$(実現)三天}。
      私は三日病気した。
       (今とは切れている=治っている。)

日訳練習：次のaとbをそれぞれ訳し分けなさい。
1a 我在中国住**了**四年**了**。
1b 我在中国住**了**四年。

2a 我走**了**三公里**了**，还要走五公里。
2b 我走**了**三公里，就到了。

◇文末に動詞が来て"了"が付く場合，それは"了$_A$"であるのか"了$_M$"であるのかは，もはや形の上からは判別できません。"了$_A$"と"了$_M$"の融合体"了$_{A+M}$""発生・実現＋已然・変化"形の誕生というわけです。

他们都来了$_A$＋他们都来了$_M$⇨他们都来了$_{A+M}$。

疑問詞＋"也/都"＋…

疑問詞は［疑問詞＋"也/都"＋否定述語］という文型に用いられて，「何も/どこも/誰も/どうしても〜ない」といった全面的な否定表現を造ります。(強調否定☞33課)

什么：	什么也不想吃/什么都不想吃	何も食べたくない
哪儿：	哪儿也不想去/哪儿都不想去	どこにも行きたくない
谁 ：	谁也不想见/谁都不想见	誰にも会いたくない
怎么：	怎么说也不行/怎么说都不行	どう言ってもダメだ

述語が肯定形の時は"都"が多く用いられ「何でも/どこでも/誰でも/どうでも/いくらでも〜だ」の意味を表します。

什么：	什么都知道	何でも知っている
哪儿：	去哪儿都可以	どこへ行ってもよい
谁 ：	谁都认识他	誰でも彼を知っている
怎么：	怎么写都行	どう書いてもよろしい
多少：	买多少都没问题	どれだけ買ってもOK

作文練習：
(1) 僕は何も要らない。君の愛（爱情 àiqíng）だけが欲しい。
(2) この夏休み（暑假 shǔjià），彼はどこへも行っていない。
(3) 誰も私の秘密（秘密 mìmì）を知らない。
(4) 私は疲れて何も食べたくない。
(5) 誰でもそのニュースを知りたがっている。
(6) いつ来ても OK です。
(7) 何杯飲んでもかまいません。

"有点儿"＋形容詞

　程度副詞"有点儿"（←"有"＋"一点儿"）は，普通あまり好ましくない状態が少し（"一点儿"）ある（"有"）ことを表します。

　　C⁶：我觉得**有点儿**冷。　　　　　　すこし寒気がします。
　　我心里<u>有点儿</u>紧张 jǐnzhāng。　　いささかあがっています。
　　最近天气<u>有点儿</u>不太好。　　　　近頃天気がちょっとすぐれない。
　　"你是不是后悔 hòuhuǐ 了？"～"<u>有点儿</u>。"
　　　　　　　　　　　　　　　　「後悔してないか？」「少しはね。」

発音練習：
(1)有点儿饿　　　(2)有点儿贵　　　(3)有点儿难
(4)有点儿挤 jǐ　　(5)有点儿肥 féi　　(6)有点儿紧 jǐn
(7)有点儿害怕 hàipà　(8)有点儿着急　(9)有点儿不舒服

作文練習：
(1) 僕の時計はちょっと遅れている（慢 màn），今ようやく七時半だ。
(2) 今日は雨降りで少し蒸し暑い。（闷热 mēnrè）
(3) 昨日の授業中，山本先生は少し怒っていた。（生气 shēngqì）
(4) 私の妻は近頃ちょっと御機嫌ななめだ。（不高兴）
(5) このスーツはデザインがちょっと古くさい。（旧 jiù）

にせの「問いかけ」ムード助詞 "嘛 ma"

"吗 ma" は質問文を造る「問いかけ」のムード助詞でした。(☞ 3 課)
一方，この課に出てきた "嘛 ma" は「問いかけ」を装ってにせの質問文を造るムード助詞です。

"嘛" があらわれる文の内容は，話し手そして聞き手にとっても問うまでもなく確定している情報です。そのように確実で当然のことがらについて文末に "嘛" を使うことで，相手に問いかけているふりをしながら実のところは同意を引きだすという表現効果を得ます。文調は尻下がりに読まれます。

你是大学生吗？（昇調 ma ↑）　大学生ですか？
你是大学生嘛!（降調 ma ↓）　大学生じゃないか！

我们是老朋友嘛，别这样客气。
　　僕らは親友じゃないか，そんなに遠慮するな。
俗话 súhuà 说："有钱能使鬼 guǐ 推磨 tuī mò" 嘛。
　　諺にも「地獄の沙汰も金次第」というじゃないか。

"嘛" は「あなたも知っての通り……ではないか」というニュアンスを伝えるため，やや高圧的で押しつけがましい説教口調になります。その一方で相手に頼りきった甘えた口調にもなります。

你急什么，等等正式文件 zhèngshì wénjiàn 嘛!
　　何をあせっているのか，正式な書類を待たないか！
我不嘛，我不让妈妈走嘛!
　　ぼくいやだもん，ママ行かせないもん。

応用練習:

E:昨日の午後,君に電話をしたけれどいなかったね。どこへ行ったんだい?

F:昨日は昼ご飯をすませたら博物館(博物馆 bówùguǎn)へ行ったんだ。

E:そうか。博物館は君の家から遠いのか?

F:そんなに遠くない。一時に出て一時半に着いた。

E:いくつ展覧室(展览室 zhǎnlǎnshì)を見たの?

F:あわせて八つあって,五つだけ見た。

E:五つ見たらすぐに家に帰ったのかい?

F:博物館の中に売店(小卖部 xiǎomàibù)があったので,絵葉書(美术明信片 měishù míngxìnpiàn)を二セット買ったよ。この一セットをあなたに上げよう。

E:それは本当にありがたい。

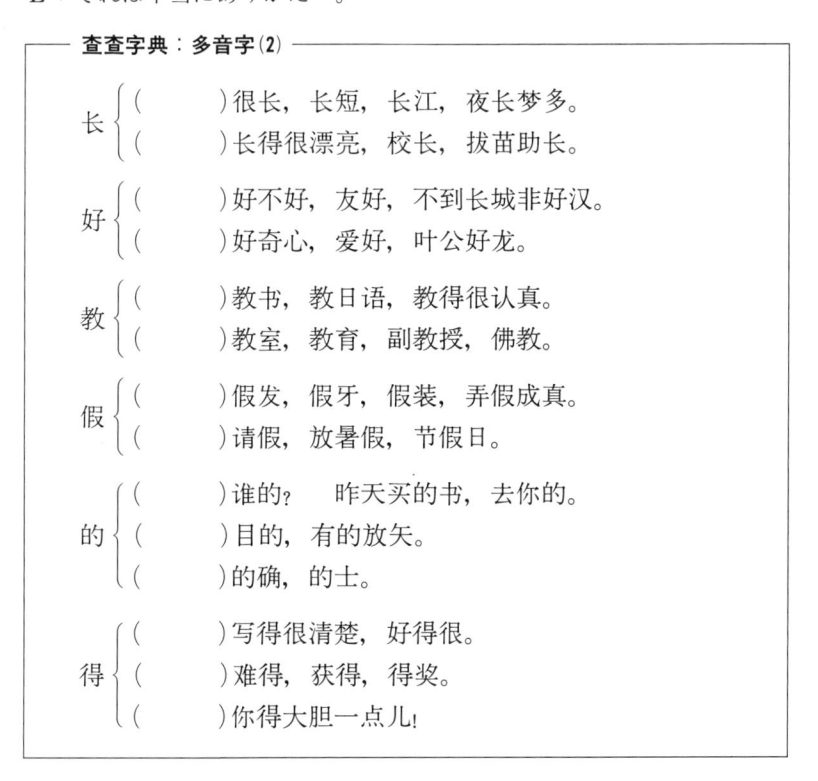

查查字典:多音字(2)

长 { ( ) 很长,长短,长江,夜长梦多。
   ( ) 长得很漂亮,校长,拔苗助长。

好 { ( ) 好不好,友好,不到长城非好汉。
   ( ) 好奇心,爱好,叶公好龙。

教 { ( ) 教书,教日语,教得很认真。
   ( ) 教室,教育,副教授,佛教。

假 { ( ) 假发,假牙,假装,弄假成真。
   ( ) 请假,放暑假,节假日。

的 { ( ) 谁的? 昨天买的书,去你的。
   ( ) 目的,有的放矢。
   ( ) 的确,的士。

得 { ( ) 写得很清楚,好得很。
   ( ) 难得,获得,得奖。
   ( ) 你得大胆一点儿!

13

你是什么时候来的？

> 13課では，文の一部に焦点(*Focus*)を当てる構文"是…的。"，見かけは否定疑問でありながら実は肯定面を主張する"不是…吗？"という反語表現，使役の表現「兼語文」，重複副詞"再 zài""又 yòu"の用法などについて学びます。
> 課文は中国留学時代の"老同学"であった小谷君とヘンリー君が思い出の地，北京で思いがけない再会をする場面です。

CD2-09

课文　A＝小谷　信二　B＝亨利

　　　　Hēnglì
A¹：亨利！

B¹：哟，这不是小谷吗？好久没见了，你好吗？

　　　　　lǎoyàngzi　mǎmahūhū
A²：还是 老样子，马马虎虎。（马马虎虎 ☞17課）

　　你怎么样？

B²：我现在在美国大使馆工作，忙得要命。

　　　　　　　　　kāishǐ
　　小谷，你不是已经 开始 工作了吗？怎么还在北京？

　　　　　　chūchāi
A³：是啊，我是 出差 来北京的。

B³：噢，原来是这样。你是一个人来的吗？

A⁴：不是，我是跟公司的 同事 一起来的，我给他们当翻译。

B⁴：你们是什么时候来的？

A⁵：上个月二十八号就来中国了，先在广州 呆 了一个星期，

我们是星期天到的北京。

B⁵：是吗，已经来了十多天啦。

这次 又 能和你见面，真是太好了。

你当翻译有没有 困难？

A⁶：有一些。特别是在广州，人家 说的都是广州话。

B⁶：可不是吗，中国的 方言 实在是太复杂了。 （是☞21课）

你们 准备 在北京住多长时间？

A⁷：大概要住半个月。我住在王府井饭店七○一一房间，你要

是有空儿，就到我房间里去坐坐，喝杯茶吧。

（要是…就…☞17课）

我还想请你给我介绍介绍北京的最新情况呢。

B⁷：等我办完了事，再去找你吧。（办完☞16課）

A⁸：那好，我在饭店里的 咖啡厅(kāfēitīng) 等你。 回头(huítóu)见!

B⁸：回头见!

焦点表現:"是…的。"

　"是…的。"「…のだ」構文は，すでに現実に生じていることがら(已然の事態)について，その事態成立に関係したさまざまな局面に焦点(Focus)をしぼって強調説明する表現です。

　　(例) A³："我是出差来北京的。"
　　　　 B³："你是一个人来的吗?"
　　　　 A⁴："不是，我是跟公司的同事一起来的。"
　　　　 B⁴："你们是什么时候来的?"
　　　　 A⁵："我们是星期天到的北京。"

文型：

肯定形	~(是)…的。	…のだ。
否定形	~不是…的。	…のではない。
未定形	~是不是…的?	…のか?

　強調をうける焦点は"是"の後ろ(下例の下線部)に来ますが，"是"は省略されることがあります。

1）いつ：あなたはいつ卒業したのですか？
　　　你是<u>什么时候</u>毕业的? ～ 我是<u>去年</u>毕业的。

2）どこ：あなた方はどこで知り合ったのですか？
　　　你们**是**在哪儿认识**的**？　～　我们**是**在北京认识**的**。

3）だれ：だれが紹介したのですか？
　　　是谁介绍**的**？　～　**是**王主任介绍**的**。

4）どう：君達はどのようにして行ったのですか？
　　　你们**是**怎么去**的**？　～　我们**是**坐出租汽车去**的**。

5）なに：今朝はなにを食べたのですか？
　　　今天早上你**是**吃**的**什么？　～　我**是**吃**的**烤面包 kǎomiànbāo。

比較

"是…的"を用いた文　⇨ 已然の事態	你们**是**什么时候结**的**婚？ 你们**是**什么时候结婚**的**？ 君達はいつ結婚したの？
"是…的"を用いない文　⇨ 未然の事態	你们什么时候结婚？ 君達はいつ結婚するの？

☆動詞に目的語があるとき，"的"は文末［⇨ "(是)…VO 的。"］あるいは動詞の直後［⇨ "(是)…V 的 O。"］いずれかに来ます。これはちょうど，ムード(文末)とアスペクト(動詞の直後)を示す"了 le"のふるまい方(☞20課)とよく似ています。

　話しことばでは"的"を動詞の後ろにじかに付けて目的語を後置するタイプの言い方［⇨ "(是)…V 的 O。"］が多く使われます。

S＋｛是＋Focus＋VO 的｝。	他**是**在哪儿上车**的**？ 他**是**在东单 Dōngdān 上车**的**。
S＋｛是＋Focus＋V 的 O｝。	他**是**在哪儿下**的**车？ 他**是**在西单 Xīdān 下**的**车。

★否定形は"不是…的。"「…したのではない」となります。

  他**不是**在日本学**的**日语，**是**在中国学**的**。
    彼は日本で日本語を学んだのではなくて中国で学んだのです。

◎疑問形は，問いかけの"是…的吗？"，疑いの"是不是…的？"，あるいは"是＋疑問詞＋…的？"となります。

  你**是**在日本学**的**日语吗？ 君は日本で日本語を勉強したのですか？
  你**是不是**在日本学**的**日语？
  你**是**在哪儿学**的**日语？ 君はどこで日本語を勉強したのですか？

借文練習：

1a："你<u>是</u>哪一年大学毕业<u>的</u>？去年毕业<u>的</u>吗？""我<u>不是</u>去年毕业<u>的</u>，<u>是</u>前年毕业<u>的</u>。"
1b：「あなたはどちらでお生まれになったのですか？」「私は北京で生まれました。きっすい（地道 dìdao）の北京人です。」

2a：我们是坐船去的上海，<u>不是</u>坐飞机去<u>的</u>。
2b：僕は一人で来ました，彼女と一緒に来たのではありません。

3a："昨天晚上我睡得很不好。""睡觉前，你<u>是不是</u>喝<u>的</u>咖啡？""我<u>是</u>喝<u>的</u>红茶，<u>不是</u>喝<u>的</u>咖啡。""原来是这样！"
3b：「昨日君は図書館でどんな本を借りたの？」「僕は小説を借りたんです。」

4a：<u>是不是</u>你关 guān <u>的</u>电视机？
4b：君がラジオをつけたのか？（开收音机 kāi shōuyīnjī）

5a：到底<u>是</u>谁造 zào <u>的</u>谣言 yáoyán？
5b：いったい誰が君に言ったんだ？

否定疑問："不是…吗？"

"不是…吗？"（「…じゃありませんか？」）という否定疑問は，見かけの否定を裏返した反語表現になります。すなわち，その文から"不是…吗"を取り去った残りの部分が事実として成立すること（「…である。」）を遠回しに主張するものです。

（例）B² : 你**不是**已经开始工作了**吗**？ ⇨ 你已经开始工作了。

△文末のムード助詞は問いかけの"吗 ma"や，にせの問いかけの"嘛 ma"（☞20課）が使われます。

"不是…嘛！" ⇨ 我**不是**跟你们说了**嘛**！　　君達に言ったでしょうが。

▲「まさにその通りじゃないですか！」と相手の言葉にあいづちを打つときの決まり文句に"<u>可不是吗</u>！ kěbushìma""<u>可不是嘛</u>！""<u>可不是</u>！""<u>可不</u>！"があります。

"不是…吗（嘛）？" → "可不是…吗（嘛）？" → "<u>可不是吗（嘛）</u>？" → "<u>可不是</u>！" → "<u>可不</u>！"

⇨"咱们该去看看老刘了。""可不是吗，好久没去了。"

借文練習：

1a：你找粉笔 fěnbǐ 吗？你看，这儿<u>不是</u>有<u>吗</u>？
1b：ほら，これが君の飛行機のチケットじゃないか？

2a：怎么，你不认识我了？我们<u>不是</u>老同学<u>嘛</u>！
2b：さっきお前に言ったじゃないか，すっかり忘れたのかい？

3a：这种圆珠笔 yuánzhūbǐ <u>不是</u>很好用<u>吗</u>？你怎么说不好用呢？
3b：その辞書は君すでに持っているじゃないか，どうしてまた（还 hái）買うの？

4a："马老师教得很好吧？""<u>可不是吗</u>，同学们都爱听她的课。"
4b：「もう十二時になったから，お昼ご飯にしようか。」「そうだね，僕たちみんな腹ぺこになったよ。」

使役表現：兼語文

"A＋请＋B＋VP（動詞句）"という構文は「AがBに……してもらう」という使役の意味を表します。

（例）A7： 我还想**请**你给我介绍介绍北京的最新情况呢。

☆この表現は，①「AがBにお願いする（⇨Bは意味上の目的語）」と②「Bが…する（⇨Bは意味上の主語）」という二つの行為をあわせて一つの文で表現したところに特徴があります。そこで，Bを「目的語」兼「主語」であるという意味で「**兼語**」と言い，この構文を「**兼語文**」と呼ぶことがあります。

★兼語文を造る使役動詞には：

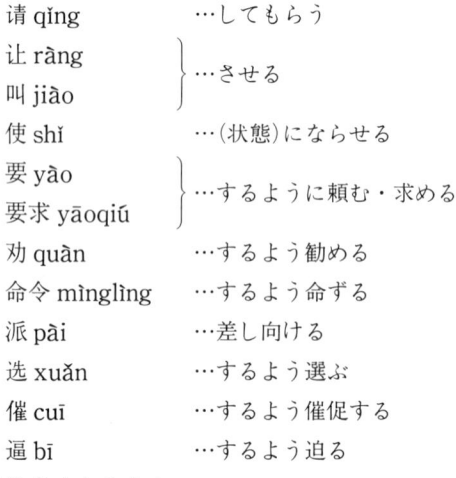

请 qǐng	…してもらう
让 ràng	⎫
叫 jiào	⎬ …させる
使 shǐ	…(状態)にならせる
要 yào	⎫
要求 yāoqiú	⎬ …するように頼む・求める
劝 quàn	…するよう勧める
命令 mìnglìng	…するよう命ずる
派 pài	…差し向ける
选 xuǎn	…するよう選ぶ
催 cuī	…するよう催促する
逼 bī	…するよう迫る

など数多くあります。

なお，この文型の否定形はVPではなく使役動詞の方を"不""没(有)"で否定します。

● 兼語文の文型

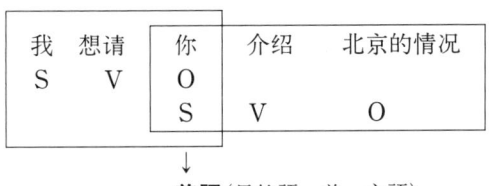

我	想请	你	介绍	北京的情况
S	V	O S	V	O

↓
兼語（目的語　兼　主語）

「私はあなたにお願いしたい＋あなたが北京の様子を紹介する」
⇨「私はあなたに北京の様子を紹介してもらいたい。」

兼語文の日訳練習：

使役動詞それぞれの意味あいに注意して，下の各文をこなれた日本語に訳しなさい。

1）请 ⇨ 我们**请**老师再讲讲这个问题吧。
2）让 ⇨ 对不起，我来晚了，**让**你久等了。
3）使 ⇨ 这件事**使**我终生难忘 zhōngshēng nánwàng。
　（"使"は抽象的な使役表現に多用され，書面語文体で用いられます。）
4）叫 ⇨ 顾客 gùkè 的要求太高了，真**叫**我们为难 wéinán。
5）派 ⇨ 那家报社准备**派**很多记者采访 cǎifǎng 奥运会 Àoyùnhuì。
6）选 ⇨ 会上大家一致 yízhì **选**他当主席 zhǔxí。

"让我（来）…"は「私に…させてください」「私が…させていただきます」という自分の希望や決意表明の表現の決まり文句になります。

7）让我来 ⇨ **让我来**给你介绍一下儿，这位是我们公司的山田科长。

"不让…"の形は，「…させない，…してはならない」といった制止表現を造ります。（兼語を省略することもある。）

8）不让 ⇨ 那儿**不让**进，你们千万不要进去。

"请"は「…してもらう」の意味のほかに「…してもらうようお願いする」，"让""叫"は「…させる」の意味のほかに「…させるように言う」という伝達動詞としての用法もあります。

9）请 ⇨ 明天星期日，我母亲**请**你们到我家去吃饭。
10）让 ⇨ 我爸爸**让**我向 xiàng 您问好。

借文練習：
  1a：下面就请陈美玉小姐表演 biǎoyǎn，大家欢迎!
  1b：ただ今より孫団長にお話しいただきます(说几句 jù 话)。

  2a：上课的时候，蔡老师不让我们说日语。
  2b：食事時，母は私にテレビを見させてくれない。

  3a：他来信要我去机场接他的爱人。
  3b：私は彼に電話して，駅へ行ってお客さんを送るように頼んだ。

  4a：他的服务态度 fúwù tàidù 使大家感到 gǎndào 很满意 mǎnyì。
  4b：その良い知らせに(好消息 hǎo xiāoxi)我々は大喜びした。

  5a：你们什么时候请我吃喜糖 xǐtáng 呢？
  5b：今日お給料をもらったから(领工资 lǐng gōngzī)，君達に夕食をご馳走して上げよう。

重複の副詞："又""再"

　動作が第一(V_1)〜第二(V_2)と重複連続するとき，第二動作の動詞 V_2 の前に副詞"又 yòu"あるいは"再 zài"がかかります。この二つの副詞の使いわけは第二動作 V_2 の発生時間に関係します。

　☆"又"という副詞は，「更に輪をかけて…した」という意味を表します。すなわち"又"は，第一回目の動作 V_1 に加えて更に第二回目の動作 V_2 もすでに実現している場合（**已然の事態**）に使われます。

　"又"を用いた表現は文脈や場面によって「また…して，全くうんざりだ。」といった話し手のマイナス感情を伝えることがあります。

　★"再"という副詞は，「…してから，改めて今一度…する」「V_2 はあとまわしにする」という意味を表します。このように"再"は，第二動作 V_2 が未実現であるとき，あるいはこれから起こるとき（**未然の事態**）に使われます。その場合，第一動作 V_1 と第二動作 V_2 は同じものであってもなくてもかまいません。

　"先 xiān V_1，再 V_2。"「まず先に V_1 して，その次に V_2 する」，また"等 děng V_1，再 V_2。"は「まず V_1 するのを待って，それから次に改めて V_2 する」という前後関係を表す呼応形式です。

文型："**先 xiān V_1，再 V_2。**"
　⇨你应该**先**敲门**再**进来。
　⇨今天太热了，我想**先**洗个澡**再**吃饭。

文型："**等 děng V_1，再 V_2。**"
　⇨**等**你的病好了，**再**开始工作吧。

---

13 課

比較 　第二動作の実現状況に注意して次のa，bを訳しなさい。
1a：真巧 qiǎo，我们**又**见面**了**!
1b：我先走了，咱们明天**再**见!

2a：糟糕 zāogāo，老师**又**来**了**。
2b：欢迎您**再**来!

3a：刚才打了电话，没有人接，他现在**又**在打呢。(VP呢☞14課)
3b：刚才打了电话，没有人接，他想**再**打一次 cì。(打一次☞15課)

4a：我没听懂 tīngdǒng，他**又**说**了**一遍 biàn。(听懂☞16課)
4b：我没听懂，请你**再**说一遍。

作文練習："又"あるいは"再"いずれか適当な副詞を使って中国語に訳しなさい。
1：彼がアンコール（⇨もう一曲歌え！）と言うものだから，僕はまた一曲歌った。
2：彼女が何という名前だったか，また忘れてしまった。
3：お客さんが皆来てから食事を始めましょう。
4：内線117はただ今お話し中です。しばらくしてからまたお掛けください。
5：本当にいやだな（讨厌 tǎoyàn），今日もまた雨降りだ。

◇ "**又A又B**" という枠は，二つの動作A，B（動詞で示される）を次々にすること「AしたりBしたり」を表したり，状態A，B（主に形容詞で示される）が同時にあること「AでもありかつまたBでもある」を表します。

日訳練習：
1：**又**说**又**笑 　　　**又**打针**又**吃药　　　**又**唱歌儿**又**跳舞
　　又会写**又**会算　　**又**要吃**又**怕烫 tàng

2：**又**脏**又**乱 luàn　　**又**聪明**又**漂亮的姑娘 gūniang
　　又好**又**便宜　　　天上的月亮**又**圆**又**大

148

借文練習：

1a：那个人，我好像<u>又认识又不认识</u>。（好像☞20課）
1b：あそこへ僕は，行きたいような行きたくないような。
2a：女儿要出嫁 chūjià 了，爸爸心里<u>又高兴又难过</u>。
2b：子供達は動物園でライオン（非洲狮子 Fēizhōu shīzi）を見て（看到 kàndao），恐く（害怕 hàipà）もあり嬉しくもあった。
3a：我家后面有一棵<u>又高又大</u>的松树。
3b：長安街（Cháng'ānjiē）は一本の長くて広い通りです。

"好久没见了。"

「おひさしぶりです。」というあいさつ言葉は「しばらく会っていない」という発想で"好久没见了 hǎojiǔ méijiànle。""好久没见 hǎojiǔ méijiàn。""好久不见 hǎojiǔ bújiàn。"と言います。

さて，ここで"好久没见了。"という文では"没…了。"となっています。このように"没(有)"と"了$_M$"が共にあらわれるパターンは文頭に期間を表すことば TI（"好久"「しばらく」など☞15課）がある時に限って許されます。また，期間を表すことばは"有"で導かれることがあります。

文型： (有)期間 TI＋没(有)VP＋了。

借文練習：

a：我很长时间没有跟他见面了。
b：他已经有半年没喝酒了。
c：夫は忙しくて一週間あまり家に帰っていない。

13課　149

"有N"グループの単語

　動詞"有"は目的語に名詞Nを従えて"有N"全体で一つの状態を表し,形容詞のような働きをします。例えば,"很,太"など程度副詞の修飾を受けたり,比較の構文(☞23課)で述語になったりします。
(例)B[5]: 你当翻译**有没有困难**?

練習:次の語の読みと意味を辞書で調べなさい。
1) 有+1音節名詞:
　　　有名　　　有钱　　　有用　　　有效
　　　有力　　　有利　　　有理　　　有礼

2) 有+R化名詞:
　　　有趣儿　　有劲儿　　有救儿　　有门儿

3) 有+2音節名詞:
　　　否定形は"不"は使わず"没有N"となります。
　　　(⇨ B[5]:"你当翻译有没有困难?")
　　　有意思　　有精神　　有出息　　有水平
　　　有学问　　有礼貌　　有兴趣　　有本事
　　　有经验　　有道理　　有用处　　有前途

"喝(一)杯茶吧!"

動詞あるいは形容詞の後ろの位置(目的語)に[数量詞+名詞]句が来ると，話しことばでは**数詞(多くは"一 yī")** が脱落して表面にあらわれてこないことがしばしばあります。日本語で「ひとつ・いっちょう…する」と言うような勢いを持った調子の表現になります。

1）打一个招呼　⇨　我去跟她<u>打个招呼</u>。(11課 B⁴)
2）吃一点儿　⇨　先生、小姐，您二位<u>吃点儿</u>什么?
3）照一张相、留一个纪念
　　　　　　　⇨　这儿风景很美，我们在这儿照张相吧，<u>留个纪念</u>!
4）便宜一点儿　⇨　这个太贵了，有没有<u>便宜点儿</u>的? (☞23課 A⁴)

CD2-10
[応用練習] 次の小話を副詞"再"に注意して日本語に訳し，暗唱しなさい。

有一个小姑娘到邮局去寄信。营业员(yíngyèyuán)对她说:"小妹妹，你的信太重了。你应该再贴(tiē)一张邮票。"

小姑娘听了，就很惊奇地(jīngqíde)问:"叔叔(shūshu)，为什么呢? 再贴一张邮票，信不是更重(zhòng)了吗?"

14

我正在看电视呢。

> 14課では，動作がある時点において進行中であるということを表現する構文をマスターしましょう。あわせて，過去の経験をあらわすアスペクト辞"过 guo"の用法を学びます。また，この課で否定詞"不 bù""没有 méiyou"の違いを確認しておきます。
>
> 課文では，北京留学中の沢口さんのもとに楊さんから，北京の名物料理のひとつ"涮羊肉 shuànyángròu"（羊肉のしゃぶしゃぶ料理）招待というおいしいお誘いが舞い込みます。

CD2-11

课文 A＝杨 伯江 Yáng Bójiāng　B＝师傅　C＝泽口 英美

A¹(打电话)：喂，是留学生宿舍吗?

B¹：是啊，你找谁?

A²：我找日本留学生 泽口 Zékǒu 英美, 麻烦您，请她接电话。

B²：好的，请等一等，我给你叫一下。……

"３０９号房间，泽口同学，电话!"

C¹：谢谢师傅，我马上就来。……

(接电话)喂，我是泽口，您是哪一位?

152

A³：你好，我是小杨，杨伯江。你在休息吗？

C²：没有，明天有考试，我还在复习课文呢。

小杨，你现在干什么呢？

A⁴：我在家里，正看电视呢。

C³：在看什么节目？

A⁵：国际足球锦标赛(jǐnbiāosài)。

C⁴：谁跟谁赛？

A⁶：日本国家队跟巴西(Bāxī)国家队。

C⁵：日本队踢(tī)得怎么样？

A⁷：你们国家队今天踢得真棒(bàng)，现在二比一。

对了，我说，这星期天你有空儿吗？

C⁶：什么事儿？

A⁸：星期天我想请你吃晚饭，好吗？

C⁷：好啊，你请我吃什么好饭？

A⁹: 你都吃过什么有名的菜？吃过 烤鸭(kǎoyā) 没有？

C⁸: 我吃过烤鸭，可是还没有吃过 涮羊肉(shuànyángròu)。

A¹⁰: 那好，我们一起去"东来顺儿"吧，请你吃一顿(dùn) 涮羊肉。

C⁹: 那太感谢你了，我可真有口福(kǒufú)。那么，我们在哪儿见面？

A¹¹: 这样吧，星期天下午五点我骑车去接你。

C¹⁰: 太麻烦你了。真不好意思(bùhǎoyìsi)。

A¹²: 没什么。星期天见！

C¹¹: 星期天见！

進行表現:"(正)在 VP 呢。"

「動作行為 VP がある時点で進行中である」ということをあらわす表現に "(正)在 VP 呢。" という構文があります。

(例) A³: "你**在**休息吗？"
　　 C²: "没有，明天有测验，我还**在**复习课文**呢**。"
　　 C²: "小杨，你现在干什么**呢**？"
　　 A⁴: "我在家里，**正**看电视**呢**。"

"在 zài" は「…しているトコロだ」という意味の副詞，文末につく"呢 ne" は話し手が「目下…中である(その含みとして「いずれ…ではなくなる」)」と認めたことを表すムード助詞です。この二つが前後から動作行為 VP を包みますが，いずれか一方のみが使われる場合もあります。

更に副詞 "正 zhèng" が前からかかると「まさにちょうど今…している最中だ」の意味になります。

文型：

主語	述部	{(正)	在	VP	呢	}	。
我		正	在	看电视	呢		。
你			在	做什么	呢		？
外面		正		下雨	呢		。

☆否定形は已然の事態を否定する副詞 "没(有) méi(you)"「…していない」を用います。否定文で "在" "呢" は消えるのがふつうです。

否定形：在 VP(呢)。→没(有) VP。

Q　：孩子们在干什么？在学习吗？
A₁：他们　**没有**　学习　，　他们　在　玩儿　呢。
A₂：他们　**没**　学习　，　他们　在　玩儿　呢。
A₃：　　　**没有**　　　，　他们　在　玩儿　呢。

★動作行為の進行状態は現在時に限らず，過去や未来のことも表現できます。

現在 ⇨ 你姐姐在做什么呢？ ～ 她在打毛衣 máoyī 呢。
過去 ⇨ 昨天我给她打电话的时候，她正打毛衣呢。
未来 ⇨ 明天晚上你去找她，她一定在打毛衣呢。

置換練習：

Q：你哥哥在做什么呢？
A：他正在看报呢。

| 1）夕食を食べている |
| 2）ギターを弾いている（弹吉他 tán jítā） |
| 3）宿題をやっている（做作业 zuò zuòyè） |
| 4）ガールフレンドに電話中 |

応答練習："(正)在…呢。"を使って，問答を完成しなさい。

(1) Q：您爸爸在家吗？
 A：在，（入浴中です）。

(2) Q：请问，刘老师呢？
 A：（授業中です）。

(3) Q：吴 Wú 经理现在忙不忙？
 A：他很忙，（会議中です）。

(4) Q：让我用一下这本词典，可以吗？
 A：对不起，（ちょうど私が使っているところです）。

(5) Q：（何を考えているんですか？）
 A：我没想什么。

経験のアスペクト："V 过"

動詞の直後に付くアスペクト辞 **"过 guo"** は，過去の経験「…したことがある」を表します。

（例）A[9]："你都**吃过**什么有名的菜？**吃过**烤鸭没有？"
　　　C[8]："我**吃过**烤鸭，可是还没有**吃过**涮羊肉。"

☆この否定形は "没（有）měi(you)" を使いますが，"没（有）V 过"「…したことがない」となって "过" は脱落しません。この点で，否定文では落ちてしまう "了$_A$"（実現相）とは異なります。

比較 "V 过" vs. "V 了"

	未然相 V＋N	実現相 V 了＋N	経験相 V 过＋N
肯定	看电影 映画を見る	看了电影 映画を見た	看过电影 映画を見たことがある
否定	不看电影 映画を見ない	没有看电影 映画を見ていない	没有看过电影 映画を見たことがない
未定	看不看电影 看电影不看 映画を見ますか	看没看电影 看了电影没有 映画を見ましたか	看没看过电影 看过电影没有 映画を見たことがありますか

14 課

置換練習：

Q：你看过《黄土地 Huángtǔdì》吗？
A：我看过。
Q：《红高粱 Hónggāoliáng》呢？
A：《红高粱》也看过。
Q：《老井 Lǎojǐng》和《菊豆 Júdòu》呢？
A：《老井》和《菊豆》，我都还没看过。

---

(1)喝：青岛啤酒，茅台 máotái 酒，汾 fén 酒，绍兴 shàoxīng 酒
(2)读：三国演义，西游记 Xīyóujì，水浒传 Shuǐhǔzhuàn，红楼梦 Hónglóumèng
(3)爬 pá：泰 Tài 山，黄 Huáng 山，华 Huà 山，峨眉 Éméi 山

借文練習：

1a：我见过他，可是还没有跟他说过话。
1b：僕は中国へ行ったことはあるが，南京には行ったことがない。

2a：你都去过日本哪些地方？
2b：中国映画の何と何をご覧になりましたか？

3a：那个人，我好像以前见过。（好像☞20课）
3b：この場所には前に来たことがあるような気がする。

4a：我想吃别人没有吃过的东西。
4b：私は他の人が登ったことのない山に登りたい。

5a：我从来没有跟我爱人吵过架。（吵架 chǎojià）
5b：私はいまだかつてこんな良い人に会ったことがない。

6a：他从来没有这么高兴过。
6b：彼女はこれまでこんなに太ったことがない。（胖 pàng）

★習慣的な行為や予定されていたことがらが遠くない過去にすんでいるとき，終了・終結を表す"V过(了)"「…し終えた」が使われることがあります。
　　1）"晚饭吃过了吗?""我已经吃过了，你呢?"
　　2）"请喝茶!""谢谢您，我刚喝过，不要了。"

否定副詞："不""没有"

　否定の副詞"不 bù""没有 méiyou"の用法差は，否定されることがらのアスペクトの違い(**未然相 vs. 已然相**)にあります。

☆"不"は，これから生じるかも知れない事態(動詞)が発生しないこと，ある状態(動詞，形容詞)が存在しないことを表すものです。

★"没有"は既に実現済みの動作や状態，目下実現中の動作や状態を存在しないものとして否定するものです。修飾語になるとき，"没有 méiyou＋V"("有"は軽く読む)，"没 méi＋V"("有"を落とす)いずれの形でもかまいません。

比較
☆不＋V/A ⇨ **未然の否定**：ある動作や状態が発生しない・存在しない。
　　「…ない」「(今は)…しない」「(この先)…する意志がない」

★没(有)＋V/A ⇨ **已然の否定**：ある動作や状態が発生していない・存在していない。
　　「…していない」「過去において…していない」「今にいたるまで，まだ…していない」「目下…していない」

問答練習：次の各問に否定形の文で答えなさい。
(1) Q：最近天气好吗？
　　A：
(2) Q：你学过法语吗？
　　A：
(3) Q：你想吃面条吗？
　　A：
(4) Q：他的信，你已经收到 shōudào 了吗？（收到☞16課）
　　A：

書換練習：次の問いかけ文を未定［肯定＋否定］型の疑い文に書き換えなさい。
(1) 她爱人个子高吗？
(2) 你的病好了吗？
(3) 你会说英语吗？
(4) 他下围棋 xià wéiqí 下得好吗？
(5) 飞机起飞 qǐfēi 了吗？

承前接続語："那""那么"

相手のことばあるいは前文の内容をうけて「それでは…」と話しをつなぐ時、遠称の指示語 **"那 nà"**、**"那么 nàme"** を承前接続語として使います。

（例）C⁹："**那么**，我们在哪儿见面？"
　　　C⁹："**那**太感谢你了。"
　　　A¹⁰：**那**好，…

1）"今天晚上我有事不在家。""<u>那</u>我改天 gǎitiān 再来找你吧。"
2）大家都同意，<u>那么</u>我们就这样决定 juédìng 了。
3）你喜欢吃这个菜，<u>那么</u>就多吃点儿吧。

［応用練習］中国語に訳しなさい。
D：（ノックして）入ってもいいかい？
E：ちょっと待って。
D：何をしてるの？
E：着替えをしているところさ。(換衣服 huàn yīfu)…OK，どうぞ入って。
D：おや，君のそのセーターとっても素敵だね！　どこで買ったの？
E：買ったんじゃなくて，彼女が編んでくれたんだ。(织 zhī 毛衣)
D：そんなに素敵なセーター見たことがないよ。
E：本当かい？　ありがとう。

―――― 査査字典：形声字(2) ――――

　　第8課に続いて，部首を共有する簡体字のグループを挙げます。各字の読みと意味を確かめましょう。

［良］　良 liáng（良好）　：　粮 liáng（粮食）　：　狼 láng（狼心狗肺）：
　　　郎 láng（新郎）　：　螂 láng（螳螂）　：　廊 láng（走廊）　：
　　　朗 lǎng（朗读）　：　浪 làng（浪费）　：　娘 niáng（新娘）　：
　　　酿 niàng（酿酒）。

［工］　工 gōng（工艺）　：　功 gōng（功夫）　：　攻 gōng（攻击）　：
　　　贡 gòng（贡献）　：　巩 gǒng（巩固）　：　恐 kǒng（恐怕）　：
　　　空 kōng（空气）、kòng（有空儿）　：　控 kòng（遥控）　：
　　　虹 hóng（虹彩）、jiàng（出虹了）　：　红 hóng（红太阳）：
　　　扛 gāng（扛鼎）、káng（扛枪）　：　肛 gāng（肛门）　：
　　　缸 gāng（水缸）　：　江 jiāng（长江）　：　项 xiàng（项目）。

15

我们准备旅行半个月。

> 中国語は目に見える物の数だけではなく，動作の継続時間やその実行回数などもこまめにカウントして表現する言語です。15課では，いかにも中国語らしいこの構文の習得に重点を置きます。
>
> 内藤さんは夏休みを利用して，友人と共にあこがれの中国へ自由旅行に出かけるようです。周秀梅さんが彼女の参謀としてアドバイスをしてくれます。

CD2-12

课文　　A＝周　秀梅　　B＝内藤　晴代

　　　　　　　　shǔjià
A¹：听说你这个暑假要去中国旅行，是吗？

　　　　　　　　　　　　shǒuxù
B¹：对，我已经办好出国 手续 了。(办好☞16课)

　　　和同学一起去，我们准备旅行半个月。

　　　　　　　dòngshēn
A²：你们什么时候 动身？

B²：下个月一号，也就是大后天。

A³：你们准备去哪些地方？

B³：我们从大阪坐飞机到北京，在北京呆几天。我们想去访问

162

一个老同学,他去中国留学已经有两年多了。然后 游览一下儿长城、十三陵、颐和园 和故宫等地方,再去西安。

秀梅,你去过西安吧?

A⁴:去过,去过两次。西安是座古城,有很多 名胜古迹,什么大雁塔、小雁塔啦、碑林啦、华清池啦,你们应该去看看。还有,兵马俑 也很值得一看。

你们还可以到四川去玩儿玩儿。

B⁴:对,我们想尝尝地地道道的麻婆豆腐。(地地道道☞17课)

A⁵:还想去哪儿?

B⁵:我们还想先从 重庆 坐船到上海,游览一下儿长江三峡,然后再从上海到 苏州 和 杭州。

"上有 天堂,下有苏杭"嘛!

A⁶:好,你这个主意好。

中国还有一句话叫"桂林 山水甲天下",你知道吗?

B⁶：听说过。不过很可惜，这次 恐怕 没有时间去桂林了。

A⁷：那真是太可惜了。将来 我回国以后，陪你一起去吧。

你们玩儿的时候，有翻译陪你们吗？

B⁷：我们学了一年多的汉语，会说一点儿，我们想不用翻译了。

動作とその継続時間

第7課で時の流れを線的にとらえた場合の「時間 *Time Interval*」を表す語彙をいくつか学びました。

さて，ある動作行為が一定の時間をかけて継続することを表す場合，動作（動詞 V）と期間表現（時間 TI）の語順は大原則として**動詞が前で時間が後ろの**［動作 V＋期間 TI］となります。

I．原則文型［V＋TI］
　（例）B¹：我们准备旅行半个月。

1）现在我们休息十分钟。
2）"请等一会儿。""要等多长时间呢？""等五分钟，好不好？"

ここで［V＋TI］という原則を保ちながら動詞 V に目的語名詞 N を加える場合，N の位置を巡って次のIIとIIIの二つのパターンがあります。
　例えば，「私は四年間（→ TI）中国語を（→ N）学んだ（→ V）。」を中国語で言うとそれぞれ次のようになります。

II：にせの連体修飾形タイプ：文型［V＋TI＋(的)＋N］
　（例）B⁷：我们学了一年多的中文。
　このIIタイプの表現では，時間 TI が形の上では目的語 N の修飾語に

なります(例3)。ただ，これはあくまでも表面上の形式的修飾語ですから"的"は省略することができます(例4)。

3) 我学了<u>四年的</u>中文了。
4) 我学了<u>四年</u>中文了。

ただし，目的語が人称代名詞 Np である場合，時間 TI を修飾語扱いにはできません。そこで，この場合に限って TI は目的語代名詞 Np の後ろへ下がります。(＊は不成立を示す。)

II′：人称代名詞タイプ：文型［V＋Np＋TI］

5) 请等我<u>一会儿</u>。(＊请等一会儿我)
6) 我找你<u>很长时间</u>了，你到底去哪儿了？(＊我找很长时间你了)

次に本来は動詞の後に来るはずの目的語を前に引き上げるパターンの文型があります。

III．目的語引き上げタイプ：文型［(V)＋N＋V＋TI］

このIIIタイプの表現では，動詞 V の後ろの位置が時間 TI によってすでに優先的に占領されているため，目的語 N は動詞 V の前に引き上げられます。その結果として動詞 V は一文内で繰り返されることになります(例7)。

ここで目的語 N が独立できる名詞であれば前の方の動詞 V を省略することもできます(例8)。

更に目的語 N が特定の事物を指すような場合や対比をねらった表現では，N を文頭にまで引き上げて全文の主題 *Topic* あつかいにすることもできます(例9)。

7) 我学<u>中文</u>学了<u>四年</u>了。
8) 我<u>中文</u>学了<u>四年</u>了。
9) <u>中文</u>，我学了<u>四年</u>了。(「中国語は四年勉強しました。」)

比較

これらⅢタイプの表現は，実は程度補語の文型（☞11課）と並行しています。次のa，bを形の上で比べて見ましょう。

a：他学中文**学了四年**。～他中文**学了四年**。～中文，他**学了四年**。
b：他学中文**学得很好**。～他中文**学得很好**。～中文，他**学得很好**。

動作の継続を表す文型をまとめると下のようになります。

文型Ⅰ	S＋V＋TI	我**学了四年**。
文型Ⅱ	S＋V＋TI＋的＋N	我**学了四年**的中文。
	S＋V＋TI　＋　N	我**学了四年**中文。
文型Ⅱ′	S＋V＋Np　＋TI	我等你好半天了。
文型Ⅲ	S＋V＋N＋V＋TI	我学中文**学了四年**。
	S　＋　N＋V＋TI	我中文**学了四年**。
	*Topic*N＋S＋V＋TI	中文，我**学了四年**。

比較　"学了$_A$四年" vs. "学了$_A$四年了$_M$"（☞12課）

学**了**四年	「四年間勉強した」　　　　（→以前に四年学んだ）
学**了**四年**了**	「勉強して四年間になる」（→現在四年目，今後とも続ける）

置換練習：

(1) A：<u>学校</u>离这儿远不远？
　　B：不远，很近。
　　A：要走几分钟？
　　B：走<u>五分钟</u>就到了。

邮便局まで二分
駅まで二，三分
病院まで五，六分
映画館まで十数分

(2) C：你在<u>农村</u>住了几天？
　　D：我在<u>农村</u>住了<u>半个月</u>。

ホテルに一週間泊った
彼の家に二日泊った

(3) E：您<u>教</u>了几年<u>书</u>了？
　　F：我<u>教</u>了十几年<u>书</u>了。

通訳になって5年になる
運転をして25年になる

借文練習:
- 1a:昨天大风刮了一夜。
- 1b:今日、雨はまる一日降った。
- 2a:孩子们在公园玩儿了一个下午。
- 2b:私たちは汽車で二晩寝た。
- 3a:你在那儿等了我多长时间?
- 3b:僕は映画館の入口であなたを長い間待っていました。
- 4a:"你看了多长时间的电视?""我只看了一个小时。"(只 zhǐ ☞21課)
- 4b:「君はカラオケ(卡拉OK)を何時間歌ったの?」「半時間歌っただけです。」

動作終了後の経過時間

継続することのできない瞬間的な動作行為が実現・終了してから現在にいたるまでのあいだに、どれだけの時間が経過したかを[VP+TI+了]のパターンで表します。この時、時間(期間)TI を"有"で導くこともあります。

文型Ⅳ:動作終了後の経過時間:[VP+(有)+TI+了]

(例)B³:他去中国留学已经有两年多了。

1)我家停电 tíngdiàn 已经好几天了。
2)我离开家乡整整 zhěngzhěng 二十年了。
3)我爷爷死 sǐ 了快三年了。

置換練習:

M:他去美国留学多长时间了?
N:差不多五年了。

| 結婚して十年ほどたった |
| 来日して半年ほどたった |
| 大学を卒業して二十年ほどたった |

動作とその実行回数：動量詞

5課で事物（名詞であらわされる）の数え方を「名量詞」と共に学びました。中国語は動作行為（動詞であらわされる）の回数（動量）を「動量詞」で数えます。

（例）B³，A⁴："秀梅，你去过西安吧?""去过，去过**两次**。"

☆代表的な**動量詞**に次のようなものがあります。

遍 biàn	動作の始めから終わりまでの全過程をカウントする。 　　这本书，我从头到尾看了**三遍**。
次 cì	動作行為をひとかたまりにしてカウントする。名量詞としても使われる。 　　上海去年冬天下了**两次**雪。
回 huí	'次'と同義。話し言葉で常用される。名量詞としても使われる。 　　我只见过他**两回**，不太熟。
下（儿）xià(r)	瞬間的な動作をカウントする。 　　刚才挂钟 guàzhōng 打了**三下儿**。 　　中国人一般敲**三下**门，日本人敲**两下**。 　⇨ 'V一下儿'は固定化して「ちょっと…する」の意味になる。(☞9課) 　　请给我们介绍**一下儿**你的学习经验。 　　他轻轻地 qīngqīngde 吻 wěn 了姑娘**一下儿**。
顿 dùn	ある時間幅をもつ行為（食事，忠告，喧嘩など）をカウントする。 　　我请你吃**一顿**地道的涮羊肉。
趟 tàng	行き帰りの往復を1回としてカウントする。 　　上个月我回了**一趟**老家。
阵 zhèn	短時間に終わる動作（にわか雨や拍手の音など）をカウントする。 　　刚才下了**一阵**大雨。

★動作を行うからだの部分や使用する道具などを動量詞に臨時借用する描写的な表現があります。このかたちでの数詞は普通"一"に限られ，日本語の訳も直訳せずにオノマトペ(擬音語や擬態語)を使うと感じが出ます。

看一眼 yǎn	ちらっと見る
踢一脚 jiǎo	ポンと蹴る
打一拳 quán	ガツンとなぐる
抽一鞭子 biānzi	鞭でピシリとたたく
吃一口 kǒu	ガブリと食べる
叫一声 shēng	ひと声かける
写一笔 bǐ	さらりと書く

◎動作の回数を表す文型は，上に述べた動作の継続時間を表す文型とよく似ています。やはり，まず大原則として動作(動詞 V)と回数表現(動量詞 M)の語順は**動詞が前で動量詞が後**になる［V＋M］となります。

文型Ⅰ：［V＋M］

1）请您再说一遍。
2）请大家跟我念一遍。

［V＋M］の語順を保ちながら動詞 V に目的語名詞 N を加えるとき，通常は回数が目的語に先行する［V＋M＋N］という語順になります。
ただし，目的語 N が固有名詞(地名や人名)の場合は N が回数より先行して［V＋N＋M］の語順になることもあります。

文型Ⅱ：［V＋M＋N］

3）请山田同学念一遍课文。
4）她去过两次西安。(［V＋N＋M］我去过西安两次。)

ただし，目的語が人称代名詞 Np である場合は，必ず目的語代名詞を回数表現 M よりも前に置いて［V＋Vp＋M］という語順になります。

文型Ⅱ′：[V＋Np＋M]

5）我只见过他一次。

6）我以前见过他好几次。

目的語 N を動詞 V の前に引き上げて，結果的に動詞を繰り返す言い方［V＋N＋V＋M］もできます。目的語 N を更に文頭まで引き上げて全文の主題あつかいにする［TopicN＋S＋V＋M］という語順にもなります。

文型Ⅲ：[V＋N＋V＋M]
　　　　[TopicN＋S＋V＋M]

7）我看这个电影看了好几遍。

8）这个电影，我已经看过好几遍。

動作の回数を表す文型をまとめると次のようになります。なお，比較のために並行する文型の継続時間表現を括弧に入れておきます。

文型Ⅰ	S＋V＋M	你念一遍。
	(S＋V＋TI	我学了四年。)
文型Ⅱ	S＋V＋M＋N	你念一遍课文。
	(S＋V＋TI＋N	我学了四年中文。)
文型Ⅱ′	S＋V＋Np＋TI	我见过他一次。
	(S＋V＋Np＋TI	我等你好半天了。)
文型Ⅲ	S＋V＋N＋V＋M	我看这个电影看过好几遍。
	(S＋V＋N＋V＋TI	我学中文学了四年。)
	TopicN＋S＋V＋M	这个电影，我看过好几遍。
	(TopicN＋S＋V＋TI	中文，我学了四年。)

置換練習：

(1) A：最近你量 liáng 过血压 xuèyā 吗？
　　B：量过。
　　A：量过几次血压？
　　B：量过两次。

　　　得 dé 病
　　　检查 jiǎnchá 身体

(2) C：那首 shǒu 歌儿我要再听一遍。
　　D：好的，我再唱一遍。

　　　那个故事～说
　　　你的报告～讲

借文練習：

1a：那句话他说了四遍，我才听懂。
1b：その物語は彼が一度言っただけで，僕は聞き取れました。

2a："《芙蓉镇》，你看过几遍？""我已经看过五、六遍，我还想再看一遍。"
2b：「この民謡(民歌 míngē)をあなたは前に聞いたことがありますか？」「二、三度聞いたことがあります。もう一度聞いてみたいです。」

3a：陈大夫给我开了一些药，要我每天 měitiān 吃三次，每次吃一片。
3b：張先生は処方箋を書いて「これらの薬は毎日一回，五錠飲みなさい。」と言いました。

4a：请您在这儿等我一下儿，我马上就回来。
4b：我々は西安に行ったことがないので，あちらの様子を教えて下さい。

15 課　171

"有"文の語順

「桂林へ行く時間がない」という文は"没有时间去桂林"という語順であらわされます。("没有去桂林的时间"はあまり中国語的な表現とは言えません。)

すなわち、動詞"有/没有"の次にまず名詞 N を目的語に据えて、その後にその名詞 N に意味的にかかることば(動詞句 VP)を続けます。

文型:

	有/没有＋	N ＋	VP	
	没有	时间	去桂林。	桂林へ行く時間がない。
	有	翻译	陪你们 吗?	通訳がつきますか?
我	没有	钱	买词典。	辞書を買う金がない。
我	有	一个东西	要送给你。	君に贈りたい物がある。

1) 我们班有一个同学外号 wàihào 叫"小胖子"。
2) 我很忙，还有很多事情要做呢。根本 gēnběn 没有时间去玩儿。

この語順に従った常用表現に"有人…"「…する人がいる・ある人が…する」、"有(一)些人…"「…する人々がいる・一部の人は…する」があります。

3) 李老师，外面有人找您。

ちなみに、この語順は遥か『論語』の時代から現代にまで至っているものです。

有朋自遠方來，不亦 yì 樂 lè 乎 hu？（《论语 Lúnyǔ》）
　朋有り遠方より来たる，また楽しからずや。

借文練習：

1a：中国古代有一个大书法家叫王羲之 Wáng Xīzhī。
1b：唐の時代（唐代 Tángdài）に杜牧という大詩人がいました。

2a：他有一个儿子在美国工作。
2b：彼にはパリに留学している娘さんが一人いる。

3a：我有一件事想跟您商量一下儿。
3b：あなたに言うのを忘れていたことが一つある。

4a：赵先生，门外有几个年轻人要见见您。
4b：昨日の午後、二人の若者があなたをたずねて来ました。

5a：我最近忙得一直没有时间给你写信，请原谅 yuánliàng。
5b：私はここ数日忙しくて年賀状を書く時間がない。
　（写贺年片 hèniánpiàn）

6a：我还有几封英文信想请你翻译一下。
6b：君達はまだ何か聞きたい問題がありますか？

7a：你有什么权利 quánlì 对我说这种话？
7b：彼は今回の会議に出席する資格（资格 zīgé）がない。

8a：最近，他有一只耳朵聋 lóng 了。
8b：二年前，彼は片方の目が見えなくなった。（瞎 xiā）

9a：我们公司没有一个人会说法语。
9b：我が社で彼のことを知らない者は一人もいません。

10a：北京至少 zhìshǎo 有一百万人骑车上班。
10b：日本では少なくとも二十万人がこの小説を読んでいます。

15課

伝聞表現："听说"

"听说 tīngshuō"は"(我)听(别人)说…"という関係を内に秘めた動詞で、「聞くところでは…だそうだ」という意味になります。

☆文頭に置かれたり(例2-1)，挿入句のように主語と述語の間に入ったり(例2-2)，あるいは独立して(例3)使われます。

1) **听说**他已经出国留学了。
2-1) **听说**老王这个人非常能干 nénggàn。
2-2) 老王这个人**听说**非常能干。
3) 真的吗？我没**听说**过！

★情報の出どころ x を"听 x 说"として明示することも可能です。

4) **听**<u>天气预报</u>**说**，明天有小雨。

[応用練習] 中国語に訳しなさい。
C：近頃いかがですか？　お仕事お忙しいでしょ？
D：ずっと忙しくて子供と遊ぶ時間もありません。
C：奥さんも仕事を始められたそうですね？
D：ええ，彼女もスーパーマーケット(超级市场 chāojí shìchǎng, 超市 chāoshì)で働きはじめました。
　　あっ，しまった！
C：どうしたんですか？
D：昨日は我々の結婚記念日だった！
　　彼女にプレゼントを買ってやるのをまた忘れてしまった。
C：おやそうですか？　結婚して何年ですか？
D：もうすでに七年になります。
C：何回忘れました？
D：ちょうど(正好 zhènghǎo)七回です。

―― 查查字典：形声字(3) ――

[包]　包 bāo(包裹)　：苞 bāo(含苞待放)：胞 bāo(同胞)　：
　　　雹 báo(冰雹)　：饱 bǎo(吃饱)　：刨 bào(刨子)、páo(刨坑)：
　　　抱 bào(抱孩子)：鲍 bào(鲍鱼)　：袍 páo(旗袍)　：
　　　咆 páo(咆哮)　：跑 pǎo(跑步)　：泡 pào(灯泡)　：
　　　炮 bāo(炮羊肉)、páo(如法炮制)、pào(鞭炮)。

[方]　方 fāng(方言)：芳 fāng(芳香)　：坊 fāng(坊间)、fáng(染坊)：
　　　房 fáng(房间)：防 fáng(国防)　：肪 fáng(脂肪)　：
　　　妨 fáng(妨碍)：仿 fǎng(模仿)　：访 fǎng(访问)　：
　　　纺 fǎng(纺织)：舫 fǎng(画舫)　：放 fàng(放假)　：
　　　彷 páng(彷徨)：旁 páng(旁若无人)：傍 bàng(傍晚)　：
　　　镑 bàng(英镑)：谤 bàng(诽谤)　：蒡 bàng(牛蒡)。

16

你的报告已经写好了吗？

中国語の動詞はいろいろな補足成分（補語）を後接させることによって，現実の多種多様な世界を描きだします。16課では，補語のなかでもとりわけ大活躍する結果補語と方向補語の運用法を学びます。たとえば日本語には「拡大，縮小」という漢語がありますが，これらは中国語の結果補語のルールに従ってできていることばです。すなわち「(原因)拡ゲル→(結果)大キクナル」「(原因)縮メル→(結果)小サクナル」というわけですね。このように，一つの事態を「原因行為⇨結果状態」として二つの局面に分けてとらえる視点をぜひとも身につけましょう。

課文では，李君がレポートの資料を借りるため陸先生の研究室を訪ねます。

CD2-13

课文　　A＝李　永明　　B＝吴　真　　C＝马老师　　D＝陆老师

A¹：小吴，你看见陆老师了吗？

B¹：我没看见。你可以问问马老师。

A²：马老师，请问，陆老师现在在哪儿？

C¹：陆老师在他的 bàngōngshì 办公室，你进去找他吧。

A³：谢谢您。

C²：不谢！

——在陆老师的办公室

A⁴：陆老师，我是李永明，可以进来吗？

D¹：啊，李永明同学，请进来吧！你找我有什么事儿吗？

A⁵：这两本书我都看完了，我想还(huán)给您。谢谢老师。

D²：怎么样，你的毕业论文已经写好了吗？

A⁶：还没有写好。

D³：还要查什么资料(zīliào)吗？

A⁷：有一本过期(guòqī)的《中国语文》，我在图书馆找了几回都没找到(zhǎodào)。

D⁴：我这儿也许(yěxǔ)有，……是不是这本？

A⁸：是这本。陆老师，我可以拿去复印(fùyìn)吗？

D⁵：可以，你拿去吧。

A⁹：谢谢您，我该回去了。

D⁶：有问题，你再来找我吧！

A¹⁰：老师，您不要出来了！

D⁷：那好，我就不送你了。再见！

結果補語：VR

ある動作行為（動詞：V）と，それが原因・起因となって引き起こされた結果状態（形容詞と一部の自動詞か自他両用動詞：Result～R）をじかに結びつけると［**動作＋結果**］型の複合動詞 **VR** ができあがります。

V　R		原因行為→結果状態
来　晩	láiwǎn	「来る」→「遅い」＝「遅刻する」
走　累	zǒulèi	「歩く」→「疲れる」＝「歩き疲れる」
听　懂	tīngdǒng	「聞く」→「わかる」＝「聞きとる」
写　错	xiěcuò	「書く」→「間違う」＝「書き誤る」

☆ふつう日本語の表現は，ある行為の結果や効果となって現実におもてにあらわれている，目に見える状態だけをことばにする言い方を好みます。

中国語は，その結果をもたらした動作行為にさかのぼって「どのようにして…になった」のか，その原因行為をもあわせて明言する［**原因行為 V ＋結果状態 R**］タイプによる表現を多用します。

このような因果関係を明らかにする発想に習熟することが中国語上達の秘訣のひとつです。

　　日本語：「満腹になった」
　　中国語："吃饱 chībǎo 了"：V「食べる」→ R「満腹だ」

　　日本語：「酔っぱらった」
　　中国語："喝醉 hēzuì 了"：V「飲む」→ R「酔った」

一般的に中国語の動作動詞 V は，動作行為それのみをあらわすだけで，その結果については無関心なのです。動作によって生じた結果状態をこと細かに表現するのは，文字どおり結果補語 R の仕事です。

練習：日中語の表現法の違いに注意して次の各例を読んで訳しなさい。
1) 说错、听错 ：是我**说错**了，还是你**听错**了呢？
2) 喝醉 ：他**喝醉**了，不能再让他喝了。
3) 洗干净 xǐgānjing ：生吃蔬菜一定要**洗干净**。
4) 打累 dǎlèi ：他打乒乓球**打累**了。
5) 长大 zhǎngdà ：小弟弟，你**长大**了，想做什么工作？
6) 走远 zǒuyuǎn ：他已经**走远**了，你不要追 zhuī 了！

練習：同じ動作であっても、それが引き起こす結果はさまざまです。また同様に、同じ状態も異なる動作が起因となって生じることがあります。次の組み合わせを読んで訳しなさい。

V R	V见	V到	V错	V清楚	V懂	V完	V腻 nì
ⅰ) 看R	看见了	～看到了	～看错了	～看清楚了	～看懂了	～看完了	～看腻了
ⅱ) 听R	听见了	～听到了	～听错了	～听清楚了	～听懂了	～听完了	～听腻了

練習：次の日本語の文では結果状態Rしか言っていません。中国語訳の空欄に適当な動詞V（原因行為）を埋めなさい。
(1) あなたはどこでお育ちですか？ ：你是在哪儿（　　）大的？
(2) おなか一杯になりましたか？ ：你（　　）饱了吗？
(3) ペンがこわれてしまった。 ：钢笔（　　）坏了。
(4) （電話で）すいません、まちがえました。：对不起，（　　）错了。
(5) 餃子の用意ができましたよ。 ：饺子（　　）好了。

★ VR が目的語をとって他動詞として使われるとき，V は主語(動作の主体)の行為を表し，R は目的語(動作の受け手)の側に生じた状態を表すという二層の交錯した意味関係が生じます。

　一般的に言うと，**結果補語 R は動作の対象となる受け手指向**という強い傾向を持っているのです。

文型：

複合動詞 VR		主語S ＋ V R＋目的語O (原因行為 SV →結果状態 OR)
(ⅰ) 撞倒 zhuàngdǎo	⇨	贵花田 **撞 倒**了 小锦 。 (贵花田撞 →小锦倒了。)
(ⅱ) 踢坏 tīhuài	⇨	他们 **踢 坏**了 大门 。 (他们踢大门→大门坏了。)
(ⅲ) 哭醒 kūxǐng	⇨	小孩儿 **哭 醒**了 妈妈 。 (小孩儿哭 →妈妈醒了。)
(ⅳ) 叫醒 jiàoxǐng	⇨	爸爸 **叫 醒**了 小孩儿。 (爸爸叫 →小孩儿醒了。)

(1) 晒黑 shàihēi ：太阳**晒黑**了我的皮肤 pífu。
(2) 打死 dǎsǐ ：武松用手**打死**了一只大老虎。
(3) 骑坏 qíhuài ：这辆自行车一定是他**骑坏**的。
(4) 哭红 kūhóng ：孩子**哭红**了眼睛。
(5) 碰碎 pèngsuì ：小心点儿，别把杯子**碰碎**了。(把☞20課)

◇次の動詞や形容詞は，結果補語 R として常用され，それぞれ特有の抽象的意味を表します。

V 好 hǎo：動作の結果が良好な状態にしあがる。
学好：マスターする：我们一定要**学好**中文。
做好：できあがる　：晚饭**做好**了，你们快去洗洗手。
治好：治る　　　　：她的病很快就**治好**了。

V 到$_1$ dào：動作の結果，目的物を獲得する。
找到：探し当たる：车票，你**找到**了没有？
收到：受け取る　：您的来信**收到**了，非常感谢。
看到：目にする　：我们都相信从月球上可以**看到**万里长城。

V 着 zháo：動作の結果，首尾よく目標が成就される。
找着：探し当たる　　　：他昨天丢 diū 的东西，现在都**找着**了。
睡着：寝入る，寝込む　：孩子已经**睡着**了，你们不要吵闹 chǎonào!
买着：買って手にはいる：这种笔，在哪个商店都能**买着**。

V 到$_2$ dào：動作の結果，対象物がある地点，時点に到達する。（☞18課）
走到：…まで行く：**走到**十字路口，往东拐。
学到：…まで学ぶ：上学期我们**学到**了第十八课。
等到：…まで待つ：**等到**晚上十点，他才来。

V 在 zài：動作の結果，対象物がある場所に定着する。（☞18課）
住在：…に住む・泊まる：今天晚上我们都**住在**北京饭店。
站在：…に立つ　　　　：**站在**山顶上，所有的建筑都能看得很清楚。
放在：…に置く　　　　：我的眼镜儿，你**放在**哪儿了？

V 完 wán：動作をし終え，対象物が無くなる。
看完：見終える　：那本杂志，你什么时候能**看完**？
吃完：食べ終える：咱们**吃完**饭再喝酒，怎么样？
说完：言い終える：你要先听别人**说完**话，再发表自己的意见。

V 见 jiǎn：感覚が対象物をしっかりとらえる。
　看见：見える　　　：这儿是"禁止吸烟"。你没**看见**这四个大字吗？
　听见：聞こえる　　：刚才有一种奇怪 qíguài 的声音，你**听见**了没有？
　梦见：夢に見る　　：昨天我**梦见**我爱人回娘家去了。

V 开 kāi：動作の結果，対象物に空間・すき間ができる。
　打开：開ける，開く：书包里面有什么东西，**打开**给我看看。
　张开：開ける，開く：请**张开**嘴，我看看。嗯，嗓子有点儿红。
　推开：押し開ける　：他**推开**了大门。

V 上 shàng：動作の結果，対象物が接合・添加されて，すき間がなくなる。
　穿上、戴上：着る，かぶる：你**穿上**衣服，**戴上**帽子再走吧。
　锁上：錠をかける　　　　：你去看一看大门**锁上**了没有。
　写上：書き込む　　　　　：你别忘了**写上**自己的名字和地址。
　关上：スイッチを切る　　：看完了电视，你要**关上**！

V 住 zhù：動作の結果，対象物がじっと固定して動かなくなる。
　记住：覚え込む　：一天记这么多生词，怎么能**记住**呢？
　站住：立ち止まる：**站住**！你别走！
　停住：停止する　：火车忽然**停住**，不走了。

V 满 mǎn：動作の結果，場所が対象物ですき間なくいっぱいに埋まる。
　摆满：たくさん並ぶ　　：桌子上**摆满**了酒和菜。
　贴满：いっぱい貼る　　：墙上**贴满**了标语 biāoyǔ。
　坐满：ぎゅうぎゅうづめ：会场里**坐满**了听报告的人。

V 死 sǐ：動詞につけば実義で「殺す」，形容詞につけば"了"を伴いその程度がはなはだしく高いことをあらわす(≒A 极了 ☞7課)。
　打死　：なぐり殺す　　　：武松**打死**了一只老虎。
　热死了：暑くてたまらない：今天**热死**了，受不了。
　疼死了：痛くてたまらない：哎哟，**疼死**了！

[比較] "V 了" vs. "VR"

動作の実現"V 了" と **動作の結果"VR"** は，動作行為のそれぞれ異なる側面を切りとっています。たとえば，"看了"は「見た」，"看见(了)"は「見えた」です。そこで，「見たけれども見えなかった。」は"<u>看了</u>可是没有<u>看见</u>。"となります。

(例) A7：我在图书馆**找了**几回都没**找到**。

動作の実現と結果の違いに注意して，下の借文練習をしなさい。

借文練習：

1a：《红楼梦》，我<u>看了</u>一个星期了，还没<u>看完</u>。
1b：彼のスピーチはもう半時間話しているのに，まだ終わらない。

2a：昨天我钓 diào 了一天鱼，钓到的鱼只有两条。
2b：君たちは去年峨眉山に登ったそうだけれど，山頂まで登ったかい？

3a：我<u>打了</u>好几次电话，才<u>打通</u>。
3b：このタオル(毛巾 máojīn)はちょっと洗っただけできれいになった。

[比較] 結果補語 vs. 程度補語(☞11課)

結果補語となる成分 R は一単語相当のもので意味はかなり抽象的になっています。可能補語に展開することができます。(☞21課)

一方，程度補語 C はフレーズ以上のもので意味も具体的にあらわされています。

結果補語	VR	写好	「書きあがる」
程度補語	V 得 C	写得很好	「(字が/内容が)よく書けている」

方向補語："V 来""V 去"

　事物が移動する動作 V について，**話し手を基点とする移動方向**を方向補語によって明確に表現することができます。

☆話し手の立場を基準視点として，話し手に向かってくる動作は**"V 来 lai"**「…て来る」，話し手から離れてゆく動作は**"V 去 qu"**「…て行く」となります。方向補語"来，去"は軽声に読みます。

ⅰ）寄＋来 jìlai　⇨　介绍信写好了，希望您马上给我**寄来**。
ⅱ）出＋去 chūqu　⇨　今天天气很好，我们**出去**走走吧。
ⅲ）进＋去 jìnqu　⇨　教室里正在上课，你不要**进去**!

置換練習：
Q：你看见小王了吗?
A：他在食堂，你进去找他吧。

宿舍	回
楼上	上
楼下	下
外边儿	出

中訳練習：
　1）彼が昨日持ってきたフルーツ
　2）父があなたに買ってきた誕生日プレゼント
　3）図書館から借りてきた中国語の本
　4）さきほど部屋から出ていった人

★前後に同じ動詞を使って**"V 来 V 去"**とすると，空間移動の意味は薄れて「(時間の経過に従って)幾度も，繰り返して…する」という意味のイディオム的表現になります。

　　走来走去　行ったり来たり　　　想来想去　あれこれ考える
　　说来说去　どうのこうの言う　　写来写去　書いては消して…

CD2-14
[応用練習]

次の詩では，結果補語と方向補語が活用されています。全文を訳し，暗唱しなさい。

chūn　fēng
春　风

chuī
春风吹，春风吹，

lǜ　liǔshù
吹绿了柳树，

táohuār
吹红了桃花。

春风吹，春风吹，

yànzi
吹来了燕子，

qīngwā
吹醒了青蛙。

春风吹，春风吹，

吹得小雨轻轻地下，

zhòng kuíhuār
孩子们快来种葵花。

17

我带照相机来了。

前課で移動動詞につく方向補語"Ｖ来、Ｖ去"について触れました。17課では移動の方向を更に厳密にあらわす複合方向補語の用法について学びます。このほか、中国語の形容詞にスポットをあてて、その命令表現や「奇々怪々」な重ね型(状態形容詞)などをとりあげてみましょう。

やはり舞台は、筆者の好みで北京です。馬場夫妻は旧友の徐さんのガイドで、紫禁城の裏山になる小高い景山にのぼり、故宮を中心とする南側の街並を一望していにしえを偲びます。実は、鐘楼や鼓楼を遥かに望む北側の街並もなかなか捨てたものではないのですが、"百闻不如一见 bǎiwén bùrú yíjiàn"、是非いつの日か皆さん自身で足を運んでその目でご覧ください。

なお、この課から本文にはすべてピンインをふらずに声調符号のみを残します。こまめに辞書をひいて、正確な読みと意味を調べる習慣をつけてください。

CD2-15

课文　Ａ＝马场　悦子　Ｂ＝徐　国清　Ｃ＝马场　和男

——在景山公园里

A¹：徐先生，我们在这儿呢！您快进来吧！

B¹：(在外边儿买门票)等我一下儿，我就来！

　　(走进公园)我来晚了，让你们久等了吧？

A²：没关系，我和马场在外边儿等了一会儿，他很着急，我们就先进来了。

B²：马场呢？

A³：他像孩子一样，看见山上那个亭子很好看，就上山去了。

B³：哎，你看，你看，"说到曹操，曹操就到"，那不是下来了？

C¹：老徐，您好！你们在那儿干什么呀，快上来吧！快点儿！

B⁴：(对悦子)你说得很对，他简直像个孩子。

好，我们从西边儿上山吧。

我给你们好好儿介绍介绍。这儿从前是皇帝的花园儿，也是北京城最高的地方。站在景山上，北京的街道、建筑都能看得清清楚楚。要是天气好，还能看得更远。

C²：下边儿是故宫吧，我以前在电影《末代皇帝》里看过。

B⁵：是的。故宫就是过去皇帝居住的地方，又叫紫禁城。

A⁴：我们可以进去参观吧？

B6：那里现在是故宫博物院，我们可以进去看看。

但是展览品太多，地方也太大，今天恐怕没有时间去参观。

A5：那下次再去吧。那个高高的建筑是什么？

B7：那是天安门。你们看见前边儿的广场了吗？

那就是天安门广场。

C3：这个地方美极了。我真没想到这儿的景色这么好。

B8：我带照相机来了，我给你们两个人照一张留个纪念。

……来，来，你们俩站在那儿，不要动！

好，请站得紧一点儿，再紧点儿！笑一笑！好！……

我们从东边儿下去，走到山脚下就能看见明朝最后一个皇帝吊死的地方。

A6：是崇祯皇帝吊死的地方吧？

我听说有一本小说写到了这个皇帝的故事。

B9：对，对，这本小说叫《李自成》，作者是姚雪垠先生。

你们看过吗？

C⁴：很可惜，我还没看过。

听说这个小说有日语翻译本，我一定要看看。

B¹⁰：好，你们应该看看这本小说，这本书可以帮助你们了解中国历史。一会儿我们从东门出去吧。

（参考 『叛旗：小説李自成』陳舜臣・陳謙臣訳，徳間文庫）

複合方向補語：VDd

☆方向補語"V 来 lai"「…て来る」・"V 去 qu"「…て行く」は，話し手の存在する位置(視点の基準)と事物が移動する方向との相対的な空間関係(deixis：d)によって使いわける表現でした。

人や物の移動をあらわす場合，さらに絶対的な空間関係(Direction：D)を組み合わせて，方向性をよりはっきりと明確に言うことができます。その際，動詞に後接する方向補語は [V＋絶対的方向 D＋相対的方向 d] の順になります。具体的な組み合わせは次のようになります。

方向補語は原則的に軽声に読みますが，間に目的語をはさむ場合や可能補語になる場合(☞21課)は本来の声調をとりもどします。

D \ d		来	去		
φ		lai 来 →◐	qu 去 ◑→	跑来 駆けて来る	跑去 駆けて行く
shàng 上	↑	上来	上去	跑上来 駆け上がって来る	跑上去 駆け上がって行く
xià 下	↓	下来	下去	跑下来 駆け降りて来る	跑下去 駆け降りて行く
jìn 进	→□	进来	进去	跑进来 駆け込んで来る	跑进去 駆け込んで行く
chū 出	□→	出来	出去	跑出来 駆け出て来る	跑出去 駆け出て行く
huí 回	↻	回来	回去	跑回来 駆け戻って来る	跑回去 駆け戻って行く
guò 过	⇌	过来	过去	跑过来 駆け寄って来る	跑过去 駆け寄って行く
qǐ 起	⬆	起来	φ	站起来 立ち上がる	φ

|比較| "V 上来" vs. "V 起来"

V 上来	終点指向 ↑	…に上がる　　　↔V下(離脱 ⬇ ：…から下りる) 走上二楼来。
V 起来	起点指向 ↑	…から上がる　↔V下(残存 ⬇ ：…に下りる) 太阳升起来又落下去。

☆場所をあらわす目的語名詞は方向補語 Dd の間に割って入ります。(下では場所 Locative 名詞を L と記号化します。)下の空欄を埋めて語順を確認しなさい。

山にのぼる～山に駆けのぼる

　　　(V)DL　　　　(V)DLd　　　　(V)DLd
　　　上山：　　　　上山来　　　　上山去
　　　跑上山：　　　跑上山来　　　跑上山去

二階から降りる～二階から駆け降りる

　　　(V)DL　　　　(V)DLd　　　　(V)DLd
　　　下楼：　　　　下楼来　　　（　　　　）
　　　跑下楼：　　　跑下楼来　　（　　　　）

部屋に入る～部屋に歩み入る

　　　(V)DL　　　　(V)DLd　　　　(V)DLd
　　　进屋：　　　　进屋来　　　　进屋去
　　　走进屋：　　（　　　　）　（　　　　）

教室から出る～教室から歩み出る

　　　(V)DL　　　　(V)DLd　　　　(V)DLd
　　　出教室：　　（　　　　）　　出教室去
　　　走出教室：　（　　　　）　　走出教室去

家に戻る～家に駆け戻る

　　　(V)DL　　　　(V)DLd　　　　(V)DLd
　　　回家：　　　（　　　　）　（　　　　）
　　　跑回家：　　（　　　　）　（　　　　）

★<u>動作によって動く物をあらわす目的語名詞</u>は方向補語d"来，去"の前と後ろの二箇所に置くことができます。(下では移動する事物の名詞をNと記号化します。)下の空欄を埋めて語順を確認しなさい。

カメラを持って来る～カメラを持って帰って来る
V(D)d　　⇨　V(D)＋N＋　d　　V(D)d ＋N
帯来　　　⇨　帯　　照相机　来　　帯来　照相机
帯回来　　⇨　帯回　照相机　来　　帯回来 照相机

一冊本を取って来る～一冊本を取り出す
V(D)d　　⇨　V(D)＋N＋　d　　V(D)d ＋N
拿来　　　⇨（　　　　　）（　　　　　　）
拿出来　　⇨（　　　　　）（　　　　　　）

已然の事態で文を言い切る場合，目的語は"来，去"の後ろに置きます。
1）我爸爸昨天给我买回来一块<u>生日蛋糕</u> dàngāo。
2）他从书架上拿出<u>一本杂志</u>来，看了看又放回去了。

未然の事態ではふつう目的語は"来，去"の前に来ます。
典型的には，命令文のような未然表現では目的語は必ず"来，去"の前に置かれます。
3）他去散步的时候，总是带<u>小狗</u>去。
4）同志，请给我拿<u>一个杯子</u>来！

> 比較
> ｛已然：VDd＋N：　拿出来一本杂志（一冊雑誌を取り出した。）
> 　未然：VD＋N＋d：拿出一本杂志来（一冊雑誌を取り出す。/出せ！）

置換練習：

(1)

Q：你带<u>雨伞</u>来了吗？
A：我没带<u>雨伞</u>来。

| 財布 |
| ペン |
| かばん |
| パスポート |

(2)

Q：我给你们买来了<u>两套纪念邮票</u>。
A：太好了，你想得真周到。

| フィルム（胶卷儿 jiāojuǎnr）を二本 |
| レコード（唱片 chàngpiàn）を二枚 |
| CD（激光 jīguāng 唱片）を二枚 |
| カセット（磁带 cídài）を二つ |

練習：適当な方向補語Ｄを埋めて文を完成しなさい。

1）急救车 jíjiùchē 开（　　）医院来了。
2）火车已经穿（　　）隧道 suídào 去了。
3）上完课，学生们都跑（　　）宿舍去。
4）鸽子 gēzi 飞（　　）天去了。
5）你的照相机在楼下。请你在楼上等一下，我跑（　　）楼去，给你拿（　　）来。
6）昨天的足球比赛，我们队一个球也没有踢（　　）球门。
7）她每天上班的时候，不坐电梯 diàntī 爬（　　）五楼去。

◎方向補語の抽象的用法

V 上 shàng	「アガリ(すごろく)」	考上大学	大学にうかる
	⇨ 目標に到達する	爱上了她	彼女にほれた
V 下来 xiàlai	下ニ降リテクル⇨	脱下来	脱ぎさる
	↓ 分離・離脱する	停下来	止まる
	↓ 残存・安定する	写下来	書きとめておく
V 下去 xiàqu	下ニ降リテイク⇨	说下去	話し続ける
	継続して行く	发展下去	発展していく
V 出来 chūlai	生み出す・出現する	做出成绩来	成果をあげる
	正体が明白になる	看出来	見いだす、見破る
V 过来 guòlai	正常状態に戻る	醒过来 xǐngguòlai	目覚める
V 过去 guòqu	異常状態になる	昏过去 hūnguòqu	気を失う
V 起来 qǐlai	(☞20課)		

形容詞の命令表現："A 一点儿！"

人間が意志的にコントロールできる状態をあらわす形容詞の場合、"一点儿 yìdiǎnr"を後置すると命令表現として使うことができます。話しことばではよく"一"が落ちます。(☞13課)

(例) 紧　⇨　紧一点儿　：" 请站得**紧一点儿**，再**紧点儿**！"
1) 大　⇨　大一点儿　：" 大点儿声！（大声点儿！）"
2) 大胆　⇨　大胆一点儿：" 你得大胆一点儿！" (☞10課 A[5])
3) 便宜　⇨　便宜一点儿：" 真贵！便宜点儿吧！"

練習："快，慢，轻 qīng，小心 xiǎoxīn"を用いて次の命令表現を造りなさい。
(1) 速く走れ！
(2) ゆっくり話してください！
(3) そっと置いてね！
(4) 道を渡るときは気をつけて！(过马路 guò mǎlù)

形容詞の重ね型：状態形容詞

日本語の形容詞のうち幾つかは「黒々とした髪，熱々の肉饅，鼻高々だ，深々とお辞儀をする，早々に退散する，正々堂々と戦う，平々凡々と暮らす，明々白々な事実，赤裸々な告白」といった具合に重ねて使うことができます。

中国語の場合もこれに似て，単音節形容詞と二音節形容詞ともに重ね型があり，「状態形容詞」と呼ばれるリアルで**生き生きとした**(*vivid* な)**描写表現**になります。日本語訳も直訳を避け，擬音語・擬態語を用いるなど工夫が必要です。

なお，中国語の書記ではおどり字「々」は使わない約束です。

(例) B[4]：我给你们**好好儿**介绍介绍。
　　 B[4]：站在景山上，北京的街道、建筑都能看得**清清楚楚**。
　　 A[5]：那个**高高**的建筑是什么？
　　 我们想尝尝**地地道道**的麻婆豆腐。（☞15課 B[4]）

☆単音節形容詞 A の重ね型：AA 儿(的/地)
　名詞と関係をもつとき，ありありとその姿を描き出します。
　　　大 ⇨ 大大的：大大的眼睛「くりくりした目」
　　　小 ⇨ 小小的：小小的嘴
　　　高 ⇨ 高高的：高高的鼻子
　　　红 ⇨ 红红的：红红的脸
　動詞と関係をもつとき，その程度が高いことを示します。
　　　重 ⇨ 重重地：重重地打几下「したたかに打ちつける」
　　　快 ⇨ 快快地：快快儿地跑出去
　　　慢 ⇨ 慢慢地：慢慢儿地走过来
　　　远 ⇨ 远远的：走得远远的

話しことばで常用されるものは，第二音節がR化し第一声に変調してストレスが置かれることがあります。（☞Ⅷ課）

  慢慢儿的 mànmānrde   好好儿的 hǎohāorde
  早早儿的 zǎozāorde   远远儿的 yuǎnyuānrde

★二音節形容詞ABの重ね型：AABB(的/地)
 第二音節が軽くなり，BBは多くが第一声に読まれます。
  马虎 mǎhu ⇨ 马马虎虎 mǎmahūhū
 名詞と関係をもつとき，生き生きありありとその姿を描き出します。
  干净 ⇨ 干干净净的：干干净净的床单「ぴかぴかのベッドシーツ」
  老实 ⇨ 老老实实的：老老实实的态度
  地道 ⇨ 地地道道的：地地道道的北京话
 動詞と関係をもつとき，その程度が高いことを示します。
 述語・補語になるとき語尾の"的"はあってもなくてもかまいません。
  清楚 ⇨ 清清楚楚的：写得清清楚楚(的)「はっきり書いてある」
  痛快 ⇨ 痛痛快快地：痛痛快快地洗个澡
  急忙 ⇨ 急急忙忙地：急急忙忙地跑过来

 ただし，"雪白 xuěbái(雪のように白い→真っ白な)，冰凉 bīngliáng"などのように「まるでAのようにBだ」という比喩構造をもつ二音節形容詞はABAB型に重なります。
  冰凉 ⇨ 冰凉冰凉的：他的手冰凉冰凉的。
  笔直 ⇨ 笔直笔直的：笔直笔直的一条马路

◇ABB型三音節形容詞：ABB的
 接尾辞BBは特定の形容詞Aと結んで，話しことばに特有の生き生きとした描写的表現を造ります。
  慢吞吞 màntūntūn ：奶奶说话慢吞吞的。
  甜蜜蜜 tiánmìmì ：她脸上总是有甜蜜蜜的笑容。
  胖乎乎 pànghūhū ：这孩子长得胖乎乎的，非常好玩儿。

日訳練習：
1）"<u>高高兴兴</u>上班来，<u>平平安安</u>回家去。"（標語）
2）今天放假，我们<u>痛痛快快</u>地玩儿一天吧。
3）在学校学过的东西，我已经忘得<u>干干净净</u>了。
4）她头发剪得<u>短短的</u>，像个男孩子。
5）屋子里<u>静悄悄的</u> jīngqiāoqiāode，像没有人一样。

仮定表現："要是 P，就 Q。"

☆ "要是 yàoshi" は仮定条件「もし P であれば」を導く接続詞で、同義の接続詞に "如果 rúguo" "假如 jiǎrú" などがあります。接続詞は主語の前後いずれに置いてもかまいません。

話しことばでは時に "要是（如果）P 的话 dehuà，……" 「もし P ということであれば…」という形で使われることがあります。

帰結を示す後節 Q には、順接の接続副詞 "就"（☞7課）や承前接続語の "那么 nàme"（☞14課）が呼応して使われます。

文型：

｛要是／如果／假如｝P（的话），｛就／那么｝Q。	もし P（ということ）であれば Q。

借文練習：
1a：明天<u>要是</u>天气好，我<u>就</u>给你们洗衣服。
1b：日曜日もし時間があれば、私は彼に手紙を書きます。

2a：<u>要是</u>明天下雨，我们<u>就</u>不去郊游 jiāoyóu 了。
2b：もし午後雨が降らなければ、僕らは釣りに行きます。

3a：<u>要是</u>没有钥匙，你<u>就</u>到楼下找老李吧。
3b：もしも今お金がないのなら、クレジットカードをお使いください。（信用卡 xìnyòngkǎ）

4a：你<u>要是</u>不能去的话，<u>就</u>事先告诉我一声。
4b：もしあなたが来れないということなら，僕があなたのところへ行ってもよろしい。

5a：<u>如果</u>你见到他，你<u>就</u>替 tì 我告诉他这件事儿吧。
5b：もしお客さんが来たら，私は会議中だと伝えてください。

6a：<u>如果</u>有什么困难，可以来找我。
6b：何か質問があれば，先生にたずねればよい。

★前節に接続詞"要是・如果"を使わず，後節に接続副詞"就"を使うだけで仮定の意味を表すことがあります。
　7a：有钱<u>就</u>买，没钱<u>就</u>不买。
　7b：雨降りなら仕事に行かない。

類似表現："像…一样"

☆"像 xiàng"という動詞は「何かと共通点があって似ている」ことを表します。

　（例）B⁴：他简直**像**个孩子。

　1）这个孩子长得很<u>像</u>他爸爸，<u>像</u>极了。
　2）这种花儿很<u>像</u>樱花儿，其实不是樱花儿。

★"像…一样 yíyàng"という枠で「まるで・あたかも…のようだ・そっくりだ。」という**比喩表現**を造ります。（☞20, 24課）

　（例）A³：他<u>像</u>孩子**一样**，看见山上那个亭子很好看，就上山去了。

　3）她<u>像</u>孩子<u>一样</u>天真 tiānzhēn，看见大熊猫就跑过去了。
　4）我从来没见过<u>像</u>她那样天真的人。

借文練習：

1a：像鲜血 xiānxuè 一样的颜色
1b：火のような情熱

2a：这个石狮子像真的一样。
2b：この絵はまるで写真のようだ。

3a：她中文说得非常流利，像中国人一样。
3b：彼女はとっても素敵に踊る，まるで蝶のようだ。（蝴蝶 húdié）

4a：屋子里冷得像冰箱里一样。
4b：今日はまるで夏のように暑い。

三つの de："的""地""得"

的：連体修飾語を導くマーカーとして〜後ろに来るのは体言（名詞類）：
⇨ 你**的**孩子
　　昨天买**的**书

話し手の断定・判断を伝えるムード助詞として〜文末に来る：
⇨ 他今天一定会来**的**。
　　他是出差来**的**。

地：連用修飾語を導くマーカーとして〜後ろに来るのは用言（動詞・形容詞類）：
⇨ 轻轻**地**敲门
　　非常热情**地**招待客人。

得：補語を導くマーカーとして〜後ろに来るのは程度補語・可能補語：
⇨ 她跳舞跳**得**很好。
　　你听**得**懂听不懂？（☞21課）

固定化してしまった二音節動詞：
⇨ 觉得 juéde「〜と思う」，记得 jìde「〜と記憶する」，显得 xiǎnde「〜のように見える」，值得 zhíde「〜の価値がある」

18

山那边儿开过来一列火车。

「存現文」という名で呼ばれる特殊な語順の文があります。この文型では動作の主体が述語動詞の後ろに下がって、目的語あつかいされるのです。たしかに英語などを見慣れた目には奇妙に映るかもしれませんが、何のことはない、日本語に生きている漢語にはこんな表現は山ほどあります。ほら、「立春」を過ぎれば、山の木々も「降雨」によって「発芽」して、「開花」はもう間近でしょ？

玉田さんは、人民解放軍兵士の英雄的行為ばかりを集めた絵本を辞書片手に読み続けてすっかり気に入った様子で、韓さんに語って聞かせます。

CD2-16

课文　　A＝玉田　贵子　　B＝韩　树芳

玉田贵子下了课就回宿舍。她从书包里拿出一本书来，坐在沙发上看。她一边儿查字典，一边儿看书，看得非常认真。过了一会儿，韩树芳来找她。

A¹：谁呀？

B¹：是我，韩树芳。可以进来吗?

A²：可以，请进!

B²: 哟,你真用功,又在复习功课吗?

A³: 没有哇。看小说呢。

B³: 你看的是什么书?是日文书吗?

A⁴: 不是,是中文书。这本书不太难,书上有很多画儿。

B⁴: 是从图书馆借来的吧?

A⁵: 对。

B⁵: 书里写的是什么故事?你能给我讲一讲吗?

A⁶: 可以。这都是中国人民解放军的故事。我刚才看的这个故事里说:一个解放军战士,晚上回他住的地方。这天,天气不好,刮着大风,下着大雨。他走过一座小山的时候,看见铁路上有一块大石头。这时候,山那边儿开过来一列火车。火车开得很快,离这儿越来越近了。这个战士立刻跑过去,一边给火车发出停车的信号,一边用力搬开了那块大石头。火车停住了,人们立刻从车上跳下来,跑过

来看，发现这个战士受伤了。(刮着、下着☞19課)

B⁶：最后怎么样了？

A⁷：后来，火车开到前边儿一个大城市，那个战士住进了医院。

过了一个多月，他的伤就完全治好了。

存現文

中国語の文法では，**人間の意志を離れたところで自然に生じた自発的事態**を描くとき，［動作(動詞 V)＋主体(名詞 N)］という語順をとります。ある事物の存在やある現象を描写した文がこの語順をとるため，存在現象文，略して**「存現文」**という文法用語で呼ばれます。

例えば，「降雨」「開花」「発芽」などすでに日本語になっている漢語の内のいくつかがこの中国語本来の存現文としての語順を保っています。いずれも，自然現象や人の意志によるコントロールのしようがない自発の事態であることに注意してください。

（日本語の例）

V N	V N
積雪（＝雪ガ積モル）	落雷（＝雷ガ落チル）
出血（＝血ガ出ル）	変色（＝色ガ変ワル）
脱毛（＝毛ガ脱ケル）	発汗（＝汗ガ出ル）
発熱（＝熱ガ出ル）	満潮（＝潮ガ満チル）
停電（＝電気ガ止マル）	※例外：地震（地ガ震エル）
	日没（日ガ没スル）

存現文の特徴は
(1) 動作主体を指す名詞は動詞の後ろに置かれます。その名詞が指すものは，**そこではじめて話の場に導入される不特定の事物**に限られます。
　ふつう，不特定であることを示す語句や数量詞による修飾語をともないます。

|比較| 現象文 vs.主述文

来客人了。	現象文→(思いがけない)客ガ来た。
客人来了。	主述文→(例の，約束の)客ハ来た。

(2) 存在文の述語動詞は"有"(☞9課)，持続相の"V着"(☞19課)，結果補語のVR(☞16課)が多く使われます。現象文の述語動詞は方向補語を伴ったVD(☞17課)の形が多く使われます。

文型	空間・時間名詞　＋	動詞句　＋	不特定名詞	〈動詞句の姿〉
存在	书上	有	很多画儿。	〈有〉
	铁路上	有	一块大石头。	
	墙上	挂着 guàzhe	一张地图。	〈V着〉
	阳台上	放满了	花盆 huāpén。	〈VR〉
現象	山那边儿	开过来	一列火车。	〈VD〉
	后边儿	开过来	一辆汽车。	

作文練習：複合方向補語VDdを用いて現象文を造りなさい。
　cf：主体が特定名詞であれば，一般の主述文になります。
1 〈走出来 zǒuchulai〉
　a：走出来一个人　→　里边儿走出来一个人。
　b：走出一个人来　→（　　　　　　　　　）
　cf：他从里边儿走出来了。
　cf：那个人从里边儿走出来了。

18課　203

2〈跳下来 tiàoxiàlai〉
 a：跳下来一只猴子　→（　　　　　　　　　）
 b：跳下一只猴子来　→　树上跳下一只猴子来。
 cf：孙悟空从树上跳下来了。
 cf：有一只猴子从树上跳下来了。

定着表現："V 在…"

 動詞"在 zài"は結果補語(☞16課)となって、「動作の結果，対象物が…に定着する」ことをあらわします。補語になると多くは軽声に読まれます。
 (例) 她**坐在**沙发上看书。
   来，来，你们俩**站在**那儿，不要动！　　　(17課 B[8])
   站在景山上，北京的街道、建筑都能看得清清楚楚。　　(17課 B[4])

 このとき，複合動詞"V 在"の目的語になる名詞は場所性のあるものに限られます。そこで，事物名詞は方位詞や指示詞を援用して**場所名詞化**してやる必要があります。その際，事物の平面をあらわす"上 shang"や事物の内部をあらわす"里 li"が多用されます。(方位詞 ☞ 9課)

☆**場所名詞**

住在 ｛ 上海。　　（地名固有名詞）
　　　 他家。　　（場所名詞）
　　　 哪儿？　　（指示詞）
　　　 海边。　　（方位詞を含む名詞）

★**非場所名詞＋方位詞　→　場所化**

放在 ｛ 我这儿。　（代名詞＋指示詞）
　　　 桌子上。　（事物名詞＋"上 shang"：cf.英語の前置詞 *on*〈二次元化〉）
　　　 冰箱里。　（事物名詞＋"里 li"　：cf.英語の前置詞 *in*〈三次元化〉）

置換練習：

(1) 写在 { 黑板上 / 本子上 / 墙上 }

(2) 放在 { 桌子上 / 箱子里 / 抽屉 chōuti 里 }

(3) 坐在 { 沙发上 / 椅子上 / 这儿 }

(4) 站在 { 河里 / 海边 / 屋顶上 }

(5) { 坐在 / 站在 / 躺在 / 跪在 / 倒在 } 地上

(6) { 放在 / 挂在 / 摆在 / 扔在 / 装在 } 哪儿？

借文練習：

1a："鸡蛋 jīdàn 要放在哪儿？""请放在冰箱里吧。"
1b：「私の住所と電話番号はどこに書きますか？」「名前の下に書いてください。」

2a：大树下边儿非常凉快，大家都坐在那儿休息。
2b：海辺は景色が美しいので、みなそこに立って写真を撮っている。

3a：请问，特快停在几号站台 zhàntái？
3b：すみません、鄭さんは何号室にお泊まりですか？

| 比較 | "在…V" vs. "V 在…"

◇ "在…V"：動作の行われる場所を表すとき，"在"を介詞として使い，場所名詞を動詞の前に置きます。日本語では多くの場合「…で…する」となります。(☞4課)

  在家休息   家で休む
  在池子里养 yǎng 鱼 池で魚を飼う
  在黑板上写字   黒板に字を書く

◆ "V 在…"：動作の結果，対象物(動作の受け手または仕手)が落ち着く先を表すとき"在"を補語にして，動詞の後ろに場所名詞を置きます。日本語では多くの場合，「…に…する」となります。

  你的钥匙放在信箱里。 君の鍵は郵便箱に置いてある。
  他们都躺在地上。   彼らは地べたに横たわっている。
  您家住在哪儿？   お宅はどちらにお住まいですか？

到達表現:"V 到…"

　動詞"到 dào"は結果補語となって「動作の結果,対象物がある地点,時点に到達する」(☞16課)ことをあらわします。言い換えれば,ある動作の空間または時間上のゴールを導く表現です。補語になると多くは軽声に読まれます。

　(例)我真没**想到**这儿的景色这么好。　　(17課 C³)
　　　…, **走到**山脚下就能看见明朝最后一个皇帝吊死的地方。　(17課 B⁸)
　　　我听说有一本小说**写到**了这个皇帝的故事。　(17課 A⁶)
　　　A⁷: 后来，火车**开到**前边儿一个大城市。

☆**空間が終点**の場合
　来到中国　　　　　寄到美国
　送到火车站　　　　坐到终点站 zhōngdiǎnzhàn
　爬到山顶上　　　　走到山脚下

★**時間が終点**の場合
　等到明年　　　　　谈到深夜 shēnyè
　工作到夜里　　　　学习到早晨 zǎochén

◇**抽象的な終点**の場合
　事情发展 fāzhǎn 到十分严重 yánzhòng 的地步 dìbù。
　哎呀，你这是说到哪儿去了？

借文練習：

1a：这封信寄到法国，要贴多少钱的邮票？
1b：この小包を東京に送ると何日かかりますか？(包裹 bāoguǒ)

2a：她的视力已经减退 jiǎntuì 到零点儿二了。
2b：去年の冬は気温が零下十数度にまで寒くなった。

並行動作："一边 V₁ 一边 V₂"

二つの行為を同時並行して行うとき"一边(儿)yìbiān(r)…一边(儿)…"という枠にはめて表現します。

(例) 她**一边儿**查字典，**一边儿**看书，看得非常认真。

(1) 孩子们<u>一边儿</u>唱，<u>一边儿</u>跳。
(2) 我们<u>一边</u>走<u>一边</u>说，一会儿就回到了家。
(3) 孙经理<u>一边儿</u>打电话，<u>一边儿</u>在写什么。

CD2-17
［応用練習］

CDを聞きながら，次のピンイン部分を簡体字に書きおこし全文を完成し，日本語に訳しなさい。また，あらすじを自分の中国語で語り直す練習もしてみましょう。

买　鞋

从前有一个人，他想到市场去买一双新鞋，就先用绳子量了量自己的脚做好一个尺码。可是，由于走得太匆忙，忘了把尺码

dàizai shēnshang
(　　　　　　)了。(介詞"把" ☞20課)

他到了市场，走进鞋店，选来选去，最后选中了一双鞋，心里
　　　　　　　　　　　　　　　　　wàngzai jiāli
非常高兴。可是，一摸口袋，发现那个尺码(　　　　　　)了。

他对鞋店的人说："我要买双鞋，我已经量好了大小，可是尺码忘带了，我也没有记住。我先回去拿上尺码再来买吧。"说完，他就

急忙跑回家去拿。

　　等他拿了尺码（pǎodào shìchǎng　　）的时候，鞋店已经关门了。来回走了很多路，还没（mǎidào xié　　），他很不高兴，呆呆地（zhànzai xiédiàn ménkǒur　　　　）。

　　他的一个朋友看见他（méi mǎidào xié　　），就问他："你是给自己买呢，还是替别人买？"他回答说："我给自己买呀。"

　　那个朋友又问他："你给自己买鞋，为什么不直接用脚试试大小呢？"听完朋友的话，他说："虽然用脚试也可以，但是我更相信尺码。"（"虽然…但是…" ☞23課）

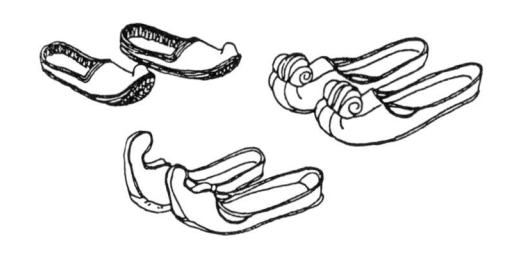

19

咱们喝着茶说话吧。

> 中国語はテンス Tense（時制：過去,現在,未来）という文法範疇に欠ける一方で，アスペクト Aspect（相）すなわち動作行為の展開の局面に対して極めて敏感なことばです。すでに実現相の"了 le"（12課），経験相の"过 guo"（14課）を勉強しましたが，19課では持続をあらわすアスペクト辞"着 zhe"について学びましょう。
>
> 孫君は高橋君に中国人がいかにお茶好きかということを現にお茶を飲みつつ語ります。保温コップのお茶を飲みながら講義をされる先生の話は，留学時代の恩師を偲んで書いた実話です。

CD2-18

课文 A＝康 怀德　B＝高桥 孝夫

A¹：哟，高桥，你来啦。请里边儿坐吧。来，抽支烟!

B¹：谢谢，我不会抽。

A²：真的吗?

中国有句俗话，叫做"烟酒不分家"，你可千万不要客气。

B²：不是客气，我真的不会。

A³：是吗，那就喝杯茶吧。咱们喝着茶说话，好不好?

B³：我常听说中国人爱用茶招待客人，是不是？

A⁴：是的，这是我们的习惯。

不过，你们日本人是不是也有这样的习惯？

B⁴：有，有。我们日本人爱用茶和点心来招待客人。

A⁵：这个喝茶的习惯也是很有意思的。

哎，高桥，别只顾说话忘了喝茶呀。

B⁵：嗯。老康，您说喝茶的习惯很有意思，请再说说。

A⁶：有的人能忘了吃饭，也忘不了喝茶。　（忘不了☞22課）

B⁶：不会吧？哪儿有这样的事儿？　（哪儿☞24課）

A⁷：真的，这是常有的事儿。中国有些地方茶馆儿很多，特别是南方，他们有"饮茶"的习惯，那儿可是个热闹地方。

对了，你以前看过老舍的话剧《茶馆》吧？

最近北京前门外还真的开了一个"老舍茶馆"呢。

B⁷：嘀，太有意思了。

A⁸：你到那儿进去看看吧，这边儿几个人喝着茶聊天儿，那边儿一个人喝着茶看报；有的吃着点心喝茶，还有的听着收音机喝茶。

B⁸：嗯。有的商店里售货员身边儿也总放着个大茶杯；汽车上，司机旁边儿也有他的茶杯；甚至有的老师，上课的时候，还一边儿讲课一边儿喝茶。这大概都是中国人离不开喝茶的表现吧，对吗？（离不开☞21課）

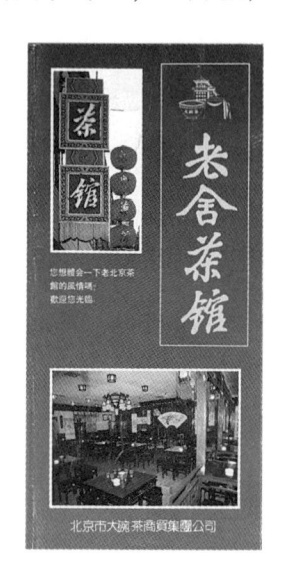

A⁹：是的。

持続のアスペクト："V 着"

アスペクト辞"着 zhe"は，動作動詞の直後に付いて，**その動作自身や動作後の状態が持続中**であることを表します。

否定文は已然否定の副詞"没（有）měi(you)"を使い，動作後の持続状態を表す場合"着"は脱落せずに残ります。（☞14課）
"教室里的电灯开着没有？""没开着。"
　「教室の電気はついていますか？」「ついていません。」

212

もともと持続的な状態をあらわしている"有，爱，喜欢…"などといった状態動詞には"着"はつけません。(ただし，"有着 yǒuzhe"は書きことば専用。)

☆ "V₁着V₂" という形で用いられると，V₁の持続中にV₂を行うこと，すなわち二つの動作V₁とV₂が同時進行していること，あるいはV₁という方式・方法でV₂を行うこと「…しながら/…して…する」を表します。下の空欄を正しく埋めて，この用法を確認しなさい。

(例) A³：咱们喝**着**茶说话，好不好?
　　 A⁸：这边儿几个人喝**着**茶聊天儿，那边儿一个人喝**着**茶看报。
　　 A⁸：有的吃**着**点心喝茶，还有的听**着**收音机喝茶。

[動詞＋"着"]
　すわってテレビを見る　　：(　　　)看电视
　映画を立ち見する　　　　：(　　　)看电影
　歩いて登校する　　　　　：(　　　)上学校
　泣きながら家に帰る　　　：(　　　)回家
　立って写真をとりますか，すわってとりますか？：
　　　　　　　　　　　　　(　　　　　)还是(　　　　　)？
　紅茶を飲んで音楽を聞く　：(　　　)听音乐
　ピアノをひきながら歌う　：(　　　)唱歌儿
　本を見つつ質問に答える　：(　　　)回答问题
　(　　　)寝る　　　　　　：开着窗户睡觉
　(　　　)髪をとかす　　　：对着镜子梳头 shū tóu
　(　　　)丘にのぼる　　　：赶着羊群上小山
　(　　　)話しをする　　　：皱 zhōu 着眉头说话
　(　　　)放さない　　　　：握 wò 着她的手不放
　(　　　　　　　)　　　　：捂 wǔ 着耳朵偷铃铛 língdāng (掩耳盗铃)

[形容詞＋"着"]
　(　　　)話しをしない　　：红着脸不说话
　(　　　)答えない　　　　：低着头不回答
　(　　　　　　　)　　　　：忙着做菜

★ "V₁着 V₁着，V₂" となると，V₁ の持続進行中に思いがけず V₂ が出現すること「…しているうちに…になった」を表します。

　ずっと考えているうちに笑いだした：想着想着就笑了起来
　(　　　　　　　)空が暗くなった：走着走着，天色黑了下来

◇ "V 着" が述語になると，動作・状態が持続中であることを表します。

(1) 一定の時間をかけて継続できる動作の場合，**動作が展開持続中**であることを表します。否定文では "着" は脱落します。
　動作が目下進行中であることを話し手が認めたことを表すムード助詞 "呢 ne" を文末に置くことがあります。("呢" ☞14課)

　文型： "(正在) V 着…(呢)。"

　下着, 刮着：雨が降っている, 風が吹いている：外面下**着**大雨，刮**着**大风。
　进行着：行われている：一场热烈 rèliè 的讨论正在进行**着**。

(2) 一瞬にして終了してしまう動作の場合，**動作終了後の状態が残存持続している**ことを表します。否定文でも "着" は脱落せず残ります。

　穿着　　：身につけている　：他(身上)穿**着**一套西服。
　戴着　　：かぶっている　　：她(头上)戴**着**一顶新帽子。
　站着　　：立っている　　　：你别在那儿站**着**，请坐下。
　开着门　：戸があいている　："学校的大门开**着**没有？" "还开**着**。"
　开着点灯：電灯がついている："厕所里的电灯开**着**没有？" "没开**着**。"

◆ 存在文 (☞18課)
　"有" を使う存在文はすでに 9 課で学びました。ここで "V 着" を述語にした存在文は，"有"(…が…にある) を前提として，**いかなる原因動作 V によってそこに存在するのか**をより詳しく述べた表現になります。

他動詞「…を…してある。」	
有⇨放着：置いてある	：商店里售货员身边儿总**放着**个大茶杯。
有⇨挂着：掛けてある	：墙上**挂着**一张世界地图。
自動詞「…が…している。」	
有⇨站着：立っている	：饭店门口儿**站着**几个警察。
有⇨蹲着：しゃがんでいる	：树底下**蹲着** dūnzhe 一个人。

借文練習：

1a：<u>躺着看书</u>对眼睛不好。
1b：タバコを吸いながら食事するのは身体にとても良くない。

2a：邮局里人很多，有的<u>坐着写信</u>，有的<u>等着寄包裹</u>。
2b：食堂には人がたくさんいる。腰掛けて食べている人もいれば、並んでおかずを買っている人もいる。（排队 pái duì）

3a：外面正<u>下着倾盆大雨</u>呢。
3b：この封筒には差出人の名前が書いていない。（寄信人 jìxìnrén）

4a：<u>书架上摆着很多中文书</u>。
4b：机の上にコンピューターが何台も置いてある。

5a：马路两旁栽着几棵白杨树。
5b：わが家の庭にはなつめの木が二本植えてある。（院子 yuànzi、

| 比較 | 進行中 vs. 持続中 |

「彼は服を<u>着テイル</u>」

進行中（着替え中：今服を着ている最中です。）他**在**穿衣服呢。
持続中（装着済み：彼は，スーツを着ている。）他穿**着**一套西装呢。

19課

"有的 N…, 有的 N…。"

「あるものは…，またあるものは…。」「…するものもあれば，…するものもある。」という表現を前後ふたつの"有的 N"であらわします。場面や文脈から明らかなとき名詞 N は省略してしまってもかまいません。
(☞ 4 課)

(例) A8：**有的**吃着点心喝茶，还**有的**听着收音机喝茶。

常用される語句の"有的人"「ある人は…」は"有人 yǒurén"に，"有的时候"「ある時は…」は"有时候 yǒushíhou"（書きことばでは更に縮んで"有时 yǒushí"）という具合に"的 de"を落とした縮約形になります。
該当するものが複数である場合は"有些 yǒuxiē"を使います。

借文練習：

1a：有人爱听古典音乐，有人爱听摇滚 yáogǔn 音乐。
1b：甘党の人もいれば，辛党の人もいます。

2a：有时候上午开会，有时候下午开会。
2b：私は日曜日にはよく外出しますが，買い物に行くときもあれば，映画を見に行くときもあります。

3a：有的柜台里放着裙子，有的柜台里放着裤子。
3b：あるテーブルにはお酒が置いてあり，またあるテーブルには料理が並べてある。

4a：他是集邮迷，有很多邮票。有些是中国的，有些是外国的。
4b：日本人も中国人も漢字を使うが，同じ意味の字もあれば意味の違う字もある。

CD2-19
[応用練習]

次の唐詩二首を暗唱しなさい。

　　春　暁　　　　　　　Chūnxiǎo
　　　　孟　浩然　　　　　　Mèng Hàorán
春 眠 不 覚 暁,　　chūnmián bù jué xiǎo
処 処 聞 啼 鳥。　　chùchù wén tí niǎo
夜 来 風 雨 声,　　yèlái fēngyǔshēng
花 落 知 多 少。　　huā luò zhī duōshǎo
　訳詩二首
　㈠　　　　　　　　　　　　㈡　春あけぼの
　　ハルノネザメノウツツデ聞ケバ　　春あけぼのの　　うすねむり
　　トリノナクネデ目ガサメマシタ　　まくらにかよう　鳥の声
　　ヨルノアラシニ雨マジリ　　　　　風まじりなる　　夜べの雨
　　散ッタ木ノ花イカホドバカリ　　　花ちりけんか　　庭もせに
　　　井伏鱒二『厄除け詩集』より　　　土岐善麿『鶯の卵』より

　　静　夜　思　　　　　Jìngyèsī
　　　　李　白　　　　　　　Lǐ Bái
床 前 看 月 光,　　chuángqián kàn yuèguāng
疑 是 地 上 霜。　　yí shì dìshàng shuāng
挙 頭 望 山 月,　　jǔ tóu wàng shānyuè
低 頭 思 故 郷。　　dī tóu sī gùxiāng
　訳詩二首
　㈠　　　　　　　　　　　　㈡　静けき夜の思い
　　ネマノウチカラフト氣ガツケバ　　床にさす　　　月かげ
　　霜カトオモフイイ月アカリ　　　　うたがいぬ　　霜かと
　　ノキバノ月ヲミルニツケ　　　　　仰ぎては　　　山の月を見
　　ザイショノコトガ氣ニカカル　　　うなだれては　おもうふるさと
　　　井伏鱒二『厄除け詩集』より　　　土岐善麿『鶯の卵』より

20

快把窗户开开!

> ここまで既にずいぶん多くの介詞を勉強してきました。次にこの20課でとりあげる"把bǎ"という介詞は，本来は「…を手にとる」という実義をもった動詞でしたが虚化のあげく，動作(処置)の受け手となる対象物を動詞句の前に引き上げる役目を専門に担う機能語となったものです。この"把"を用いた文を中国語文法の世界では「処置文」と呼びます。
>
> 課文には19課の応用練習で覚えた唐詩がさっそく登場します。大のヘビースモーカーである宋君に禁煙を勧める福島君の説得は，いつの間にやら宋君一流のペースにはまって，とうとう煙にまかれてしまいます。

CD2-20

课文　A＝福岛　太郎　　B＝宋　健

A¹: 小宋在家吗?

B¹: 哟，福岛，原来是你呀，什么风把你吹来的?

A²: 好久没来看你了，没想到吧。

哎哟，我说，你这屋子里烟味儿太大啦!

B²: 刚才写了点儿东西，多抽了几支烟。(多抽　☞23课)

A³：快把窗户开开！我实在受不了。(受不了☞22课)

B³：好，好，我听你的。开会儿窗户，换换空气。

A⁴：抽烟对身体是有害的，你还是把烟戒了吧！

B⁴：说起来容易，做起来很难呢。

你不抽烟，所以不知道戒烟多么难。

A⁵：好多人不是都戒了吗？你不怕得肺癌？

B⁵：没事儿！抽烟有活七八十的，不抽烟也有早死的。

A⁶：咳，你这话说得就不对了。你怎么不相信科学？

B⁶：不是不相信，是没办法。我戒了几次都没成功，戒不了。

再说，有时候晚上开夜车，不抽烟不行。(戒不了☞22课)

A⁷：昨天晚上你又开夜车了吧？

B⁷：嗯。昨天才听说下星期一有数学考试，夜里学习到三点半。

A⁸：连考试的日子都不知道，你呀，真是个"马大哈"。

早上几点起来的？

B⁸：大概是十点左右吧。

A⁹：起得那么晚！在日本我总是八点多才起来，到中国以后，习惯也慢慢儿变了，每天早上六点就起来。

中国人好像都有早睡早起的习惯，对不对？

B⁹：那不见得。有一首很有名的唐诗说："春眠不觉晓，处处闻啼鸟"。这个诗人连天亮了都不知道，能早起吗？看起来，古代也有睡懒觉的。（看起来☞21课）

A¹⁰：你等等，这首诗不这样讲吧？

B¹⁰：哈哈哈……我这是和你开玩笑，别当真。

咱们还是出去散散步吧。

処置文：介詞"把"

　　介詞"把 bǎ"を用いた文は「**処置文**」という文法用語で呼ばれることがあります。これはその名のごとく，**ある特定の事物に対する積極的な処置**をあらわす表現で，構文的にもいくつかの特徴を備えています。

(1)　介詞"把"によって述語動詞の前に置かれる名詞は，話の場において話し手または聞き手が**特定できる**事物を指すものに限られます。
　　　＊我把一本书看完了。→我把那本书看完了。

(2)　処置文の述語には，**アクティブな動作行為**をしめす動詞が用いられます。心理動詞（"爱，想，相信，…"）や状態動詞（"有，在，站，看见…"）など静的な動詞はこの文型には用いられません。
　　　＊我把他的话都相信。→他的话我都相信。
　　　＊我把星星看见了。→我看见了一颗星星。

(3)　処置文の述語には裸の動詞をそのまま単独で使うことはできません。**動詞の前後いずれかに何らかの補足成分をつけて，事物に加えられた処置内容や動作主体の積極性を具体的にしめす**必要があります。
　　これを逆に言えば，動詞に補足成分が付いている場合，SVOの基本語順は崩れて，目的語の名詞は"把"によって前方へ引き上げなくてはならないのです。
　　　＊快把窗户开！→快把窗户开开！
　　　＊请写在这儿你的地址。→请把你的地址写在这儿。

(4)　否定文は，介詞"把"の前に否定副詞"不"または"没有"を置きます。他の副詞や助動詞も介詞の前に置きます。（☞4課）
　　　＊他把这个消息没有告诉我。→他没有把这个消息告诉我。
　　　＊把窗户快开开！→快把窗户开开！
　　　＊你把这个消息应该告诉他。→你应该把这个消息告诉他。

文型：

主語＋副詞＋"把"特定名詞 ＋動詞句					〈動詞句の姿〉
你	还是	把	烟	戒了吧！	〈V了〉
你		把	这封信	拿着！	〈V着〉
他	没	把	这个消息	告诉我。	〈VN〉
他	已经	把	钱	寄回来了。	〈VD〉
她		把	那件衣服	洗干净了。	〈VR〉

（例）B¹：什么风**把**你吹来的？〈VD〉

　　　A³：快**把**窗户开开！〈VR〉

　　　A⁴：你还是**把**烟戒了吧！〈V了〉

借文練習：動詞句の姿に注意して借文練習をしなさい。

　1：〈V了〉「…を消失させる」

　　a：快把衣服脱了！

　　b：快把这封信烧了！

　　c：さっさと薬を飲んでしまいなさい！

　2：〈V上〉「…を…に接合・添加させる」

　　a：请把衣服穿上！

　　b：请把窗户关上！

　　c：ラジオを消してください。

　3：〈V一V〉「…を…してみる」

　　a：请把你的意见说一说吧。

　　b：请把血压量一量吧。

　　c：この録音をちょっと聞いてみてください。

　4：〈VR〉「…をRの状態にする」

　　a：我把地址写错了。

　　b：他把我的自行车骑坏了。

　　c：彼は洗濯機を修理しました。

5： 〈V 得 C〉「…をCの程度，状態にする」
　　a：他把东西收拾得整整齐齐的。
　　b：他把字写得清清楚楚的。
　　c：彼女は部屋をぴかぴかに掃除した。

6： 〈V D〉「…をDの方向へ移動させる」
　　a：他把他对象 duìxiàng 的照片给我寄来了。
　　b：私もカメラを持って来ました。

7： 〈V 在〉「…を…に定着させる」
　　a：你把镜子挂在墙上了吗？
　　b：あなた自転車を駐輪場にとめましたか？（停车场 tíngchēchǎng）

8： 〈V 到〉「…を…に到達させる」
　　a：他没有把糖放到牛奶里。
　　b：彼はお客さんを駅まで送らなかった。

9： 〈V 给〉「…を…に与える」
　　a：请您把那把剪刀 jiǎndāo 递di 给我，可以吗？
　　b：その件は私にまかせてくれませんか。（交给 jiāogěi）

10： 〈V 成〉「…を…に変える」
　　a：我想把这篇小说拍成电影。
　　b：私は日本円を人民元に両替えしたい。（换成 huànchéng）

11： 〈V 做〉「…を…となす」
　　a：那些年轻人把鲁迅 Lǔxùn 先生看做自己的老师。
　　b：彼はわたしを自分の娘と見なしていた。

"V 起来"

複合方向補語"V 起来 qǐlai"の用法は，実際の上向きの移動をあらわすものから，空間移動とはかかわりのない抽象的な意味に派生したものまでいくつかに分けられます。(☞17課)

(1) ある位置から**上向きに移動**すること(起点指向↑)
　自動詞：
　　升起来：昇る，上がる：太阳**升起来**了。
　　站起来：立ち上がる　：大家都**站起来**了。
　　坐起来：寝姿から上半身を起こす：他在床上**坐起来**了。
　他動詞：
　　举起来：手を挙げる　　　：举手　　～**举起**手**来**～把手**举起来**
　　抬起来：頭を上げる　　　：抬头　　～(　　　)～(　　　)
　　拿起来：本を取り上げる　：拿书　　～(　　　)～(　　　)

(2) 分散していた動作の対象が**接合(連接＋結合・集合)**すること。
　　关起来　：扉を閉める　　：关门～**关起**门**来**～把门**关起来**
　　藏起来　：しまいこむ　　：把贵重物品**藏起来**
　　埋起来　：埋めてしまう　：把炸药 zhàyào **埋起来**
　　集中起来：精神を集中する：把你的精神**集中起来**
　　统一起来：国家を統一する：把我们国家**统一起来**
　　结合起来：思想を総合する：把两种思想**结合起来**

(3) **動態への変化**が始まり，なお持続していること。
　　哭起来：泣き出す：她忽然**哭起来**了。
　　笑起来：笑い出す：听了我的话，他就**笑起来**了。
　　想起来：思い出す：我**想起来**了，他叫李小龙。
　　唱起来：歌い出す：他站起来，**唱起**歌儿**来**了。
　　跳起来：踊り出す：他们高兴得**跳起**舞**来**了。
　　下起来：降り出す：外面**下起**雨**来**了。
　　刮起来：吹き出す：天气突然变了，**刮起**风**来**了。

(4) 形容詞のあらわす**状態への変化**がはじまったこと。
　　ふつうプラス評価の形容詞に付きます。
　　冷起来：寒くなる　　：天**冷起来**了，要多穿点儿衣服。
　　好起来：良くなる　　：他的身体一天天**好起来**了。
　　多起来：多くなる　　：参加早操的学生**多起来**了。
　　忙起来：忙しくなる：最近我工作**忙起来**了。
　　红起来：赤くなる　　：香山的树叶也**红起来**了。
　　热闹起来：にぎやかになる：客人一到，家里就**热闹起来**了。

(5) 実際に**ある動作をしてみる**こと。
　　做起来：やってみる：说起来容易，**做起来**很难。
　　吃起来：食べてみる：这个菜闻起来挺香，**吃起来**不怎么样。
　　写起来：書いてみる：繁体字**写起来**不怎么难。
　　骑起来：こいでみる：这辆自行车**骑起来**很轻。
　　抱起来：抱いてみる：那个小孩儿真胖，**抱起来**挺沉 chén 的。
　　看起来：見てみる　：这条鱼**看起来**很新鲜，其实不怎么新鲜。
　このパターンでムード副詞的に文に挿入される常用表現に次のようなものがあります。
　　看起来：どうやら：**看起来**，今天他不会来。　　（☞21課）
　　算起来：かれこれ：**算起来**，我们结婚已经三十多年了。

> ムード副詞："还是"

　ムード副詞"还是 háishi"は文頭または述語の前に置かれて，比較検討したあげく「やはり…のほうが好ましい」という結論に至った話し手の気持ちを伝えます。

　(例)我们说话不用"您"，**还是**用"你"吧。（2課 A⁶）
　　　流感**还是**吃中药效果好。（12課 D⁹）
　　　A⁴：你**还是**把烟戒了吧！

借文練習：

1a：你还是把酒戒了吧。

1b：咱们还是去游泳吧，今天太热了。

1c：ねえ君、やっぱり僕と結婚してよ。

2a：姜 jiāng 还是老的辣。

2b：夏天还是穿布衣 bùyī 凉快。

2c：こどもはやはり母乳を飲むのが良い。（吃母奶 chī mǔnǎi）

3a：写毛笔字还是刘先生写得好。

3b：下围棋还是老马下得好。

3c：ギターはやはり高中君が上手です。

4a：想来想去，还是亲自去一趟好。

4b：想来想去，她觉得还是独身好。

4c：どう考えても、君はやはりもう少し注意（小心点儿）した方が良い。

比喩と推量："好像"

"像 xiàng"「…に似ている」という動詞がありました。(☞17課)

"好像 hǎoxiàng"はそこから派生してできた副詞で、比喩的に「まるで…そっくりだ」、推量・推測による婉曲「どうも…らしい」といった意味を表します。

(例) A⁹： 中国人**好像**都有早睡早起的习惯，对不对？

文末に"一样 yíyàng""似的 shìde"といった呼応形式をあわせて使うことがあります。(☞24課)

☆まるで…のようだ：比喩，類似　⇨　好像…，好像…一样，好像…似的。
★どうやら…らしい：推量，婉曲　⇨　好像…，好像…似的。

226

☆比喩表現：
1）今天真暖和，好像春天一样。
2）他说得很生动，好像事情就发生在眼前。
3）他们俩一见面，就好像是多年的老朋友。

★推量表現：
4）赵老师今天好像有点儿不高兴。
5）他低着头不说话，好像在想什么心事似的。
6）那个人，我好像在哪儿见过似的。

取り立て表現："连…都/也"

介詞"连 lián"は、文内のある項を取り立てて「…でさえも/すら…」という強調表現を造ります。副詞はふつう肯定文では"都"、否定文では"也/都"が呼応して使われます。

僕でさえも…	我知道	⇨ **连**我**都**知道	：连我都知道，他当然知道。
水さえも…	不想喝水	⇨ **连**水**也**不想喝	：他今天不舒服，连水也不想喝。
将棋すら…	不会下象棋	⇨ **连**下象棋**都**不会	：那个人真没意思，连下象棋都不会。
一人も…	没有一个人	⇨ **连**一个人**也**没有	：屋里连一个人也没有。

（例）A[8]：**连**考试的日子**都**不知道。
　　　B[9]：这个诗人**连**天亮了**都**不知道。

借文練習：
1a：他连饭也没吃就走了。
1b：彼女はお茶も飲まないで帰宅した。

2a：那个留学生学得很用功，连一个汉字也没写错。
2b：今月父はとりわけ忙しくて、一日も休んでいない。

3a：我急急忙忙，连他姓什么也忘了问。
3b：僕は彼女がどこに住んでいるのかさえ聞き忘れた。

三文字のイディオム

　話しことばで多用されるイディオムの多くは，一字の動詞 V_1 プラス二字の目的語名詞 N_2 という形式でできています。
　次の各フレーズのイディオムとしての意味を辞書で調べてみましょう。

	V_1＋N_2			V_1＋N_2	
1：	开　夜车	kāi yèchē	2：	开　玩笑	kāi wánxiào
3：	拍　马屁	pāi mǎpì	4：	吹　牛皮	chuī niúpí
5：	咬　耳朵	yǎo ěrduo	6：	穿　小鞋	chuān xiǎoxié
7：	走　后门儿	zǒu hòuménr	8：	拉　关系	lā guānxi
9：	摆　架子	bǎi jiàzi	10：	泼　冷水	pō lěngshuǐ

離合詞 v//n

　"散步 sànbù"「散步する」は一見したところこれでひとかたまりの動詞 V に見えますが，実は動詞 v "散 sàn" プラス目的語名詞 n "步 bù"「步みを散らす」という造語パターンの名残りをとどめています。"步 bù" は自立できる単語ではありませんが，そのふるまいかたが一般的な動詞目的語フレーズ V＋N に並行しているのです。このようなつかず離れずの関係にある二字語を「離合詞 v//n」と呼ぶことがあります。日本語で対応する漢語にまどわされないよう用法に注意しましょう。

　v // n　　　　　　　　　　v // n
　①散//步：**散**了一会儿**步**　　②睡//觉：**睡**懒**觉**、**睡**午**觉**
　③结//婚：去年**结**的**婚**　　④留//学：在日本**留**过**学**
　⑤毕//业：在北京大学**毕**了**业**　　⑥洗//澡：**洗**完**澡**就喝啤酒
　⑦生//气：别**生**他的**气**！　　⑧随//便：**随**您的**便**！
　⑨握//手：**握**了**握**手　　⑩发//言：**发**完**言**就走
　⑪帮//忙：快来**帮帮忙**！　　⑫游//泳：没在大海里**游**过**泳**

[応用練習]

次は"愚公山を移す"という名の寓話で，現代中国人にはなじみ深い話のひとつです。CDを聞きながらピンイン表記の部分を漢字表記に直し，全文を日本語に訳しなさい。また，あらすじを自分自身の中国語で語り直す練習をしなさい。

愚公移山

中国古时候有一位老人，名叫愚公，八九十岁了。他家门前有两座山，又高又大，挡住了他家的出路。

一天，愚公（bǎ quánjiārén jiàodào yìqǐ），说："这两座山对着咱们家门口儿，太不方便了！咱们（bǎ tā bānzǒu），好不好？"

他的儿子、孙子们都很赞成，只有他的妻子没有信心。她说："你年纪这么大了，（lián yí kuài shítou yě bānbudòng），还能搬走这两座大山吗？(bānbudòng：搬不动☞29課）那么多的石头又运到哪儿去呢？"

大家说："我们没有不能克服的困难，我们（bǎ shítou rēngdào hǎili qù）！"愚公的妻子不得不同意了。

第二天，愚公就带着一家人去搬山了。他们早出晚归，不怕困难，每天挖山。

有个老头儿叫智叟,看见他们搬山,觉得好笑,就对愚公说:

"你这么大年纪了,还能(bǎ liǎng zuò dàshān bānzǒu)吗?"

愚公回答说:"我虽然要死了,但是我还有儿子,儿子死了,又有孙子。我们的人越来越多,山上的石头却越搬越少。只要有决心,就一定可以(bǎ shān bānzǒu)。"(只要…就… ☞22課)(虽然…但是… ☞23課)

智叟听了,说不出话来了。

愚公移山的事终于感动了上帝,他就派了两个神仙(bǎ liǎng zuò shān bēizǒu)了。

PART 4

応用編

21

看京剧(一)：
我怕听不懂。

> 結果補語 VR，方向補語 VD を基礎として可能補語と呼ばれる複合動詞 "V 不 R，V 不 D" ができあがります。この補語は否定形として使われる場合が圧到的に多く，肯定形は影の薄い存在です。
>
> 21課，22課と続けて京劇をめぐる話題で学習します。近年は京劇はいうまでもなく，他の地方劇，伝統演劇や現代劇までもが次々と来日公演するようになりました。この課で話題にした梅葆玖 Méi Bǎojiǔ さんは，伝説的名優・梅蘭芳 Méi Lánfāng の遺児でその女形の継承者でもあります。1992年の日本公演でもあでやかな楊貴妃 Yángguìfēi の姿を披露されました。皆さんもぜひ機会をみつけて，中国演劇の実際の舞台に触れてみてください。
>
> さて，この課からいよいよ応用編として PART 4 に入ります。中国語のありのままの姿に触れていただくために，本文にはピンイン・声調符号を一切つけません。

CD2-22

课文　A＝余　老师　B＝安部　美惠

A¹: 美惠小姐，你对京剧感兴趣吗？

B¹: 我只看过录像《梅兰芳的舞台艺术》。很遗憾，还没有看过舞台上演的戏，这次能来北京留学，我一定要看看。

A²: 那好，今天晚上跟我一块儿去看京剧吧。

B²: 京剧唱词儿很难听懂，是不是？我怕听不懂。

A³：是不容易听懂。可是你不用担心，剧场里有字幕。

B³：京剧的服装多漂亮！我想买一件带回去留个纪念呢。

A⁴：京剧里不同的角色穿不同的服装，不过基本上都是明朝服装的样式。

B⁴：京剧里都有什么角色呢？

A⁵：京剧的角色分为"生、旦、净、丑"四种。

B⁵："生、旦、净、丑"指的是什么？

A⁶："生"指男角色，"旦"指女角色。"净"指性格激烈的人，就是化妆成大花脸的人。"丑"化妆成小花脸，性格开朗又爱逗笑。

B⁶：看来，您对京剧还挺内行呢！

A⁷：谈不上内行，只不过爱看罢了。（谈不上☞22课）

B⁷：今天晚上演什么戏？

A⁸："霸王别姬"。扮演虞姬的是一位非常著名的演员，叫梅葆玖。他就是梅兰芳的儿子。

我相信你一定会喜欢这出戏的。

B⁸: 太好了。这是一次非常难得的机会。

看不明白的地方，请您给我讲讲吧。

A⁹: 那还用说吗，没问题!

B⁹: 那咱们可以大饱眼福了。什么时候开演？

A¹⁰: 七点整。咱们六点三刻在人民剧场门口儿碰头吧。

B¹⁰: 行，就在剧场大门口儿，不见不散!

可能補語："V 不 R" "V 不 D"

可能補語は結果補語 VR、方向補語 VD を土台として構成されます。

結果補語		可能補語
VR	⇨	不可能形：**V 不 R**～可能形：**V 得 R**
方向補語		可能補語
VD	⇨	不可能形：**V 不 D**～可能形：**V 得 D**

◇語形のうえでは，動詞 V と補語 R・D のあいだに "不 bu" をはさみ込むと可能補語の不可能形 "V 不 R/V 不 D" ができあがります。こうして「V しても R/D にならない：**行為の結果が成立しない**」という意味関係を表します。現実には，可能補語は否定形が圧倒的に数多く使われます。

◆いっぽう，動詞 V と補語 R・D のあいだの"不"を"得 de"に変えると可能補語の可能形"V 得 R/V 得 D"ができあがります。これで「V すると R/D になる：**行為の結果が成立し得る**」という意味関係を表します。この可能形は実際には不可能・不成立であることが想定される場面で，不可能形を引き出すために疑問表現や反語表現として使われるのがふつうです。

▽否定肯定いずれの場合も，挿入される"不 bu/得 de"は軽声に読み，もともと軽声であった補語 R/D は本来の声調を取り戻します。

☆<u>結果補語</u>⇨可能補語

```
                    ┌→実現：見えた      （未実現：見えてない）
                    │  看见了              没看见
                    │  kànjian le          méi kànjian
行為V：見る→結果R：見える
  看 kàn              看见
                    │  kànjian
                    └→不可能：見えない  （可能：見える）
                       看不见              看得见
                       kànbujiàn           kàndejiàn
```

☆<u>方向補語</u>⇨可能補語

```
                    ┌→実現：戻ってきた    （未実現：戻ってきていない）
                    │  回来了              没回来
                    │  huílai le           méi huílai
行為V：戻る→方向D：戻ってくる
  回 huí              回来
                    │  huílai
                    └→不可能：戻ってこれない（可能：戻ってこれる）
                       回不来              回得来
                       huíbulái            huídelái
```

21 課 　235

△未定表現は，[肯定形＋否定形]の原則どおり構成されます。
　　V得R＋V不R?：看得见看不见?　見えるかどうか？
　　V得D＋V不D?：回得来回不来?　戻ってこれるかどうか？

練習：次の結果補語，方向補語から可能補語をこしらえなさい。

V R	听懂	看清楚	吃完	买到	修好
V不R	听不懂				
V得R	听得懂				

V D	拿出	说出来	爬上去	走过去	站起来
V不D	拿不出				
V得D	拿得出				

置換練習：

〈怎么V也V不R〉「どんなにVしてもRにならない」

1）		看	看不清楚
2）		写	写不好
3）	怎么	找	也 找不到
4）		数	数不清
5）		拿	拿不稳 wěn

〈V不出N来〉「NをV出せない」

1）	说		话	
2）	想		好办法	
3）	拿	不出	钱	来
4）	抽		时间	
5）	看		谁	

借文練習：

1 〈**V 不完**〉
　a：这本小说，你这个星期看得完看不完？
　b：こんなに多くの宿題，今晩中に終わりますか？

2 〈**V 不到**〉
　a：在日本，吃得到地道的北京烤鸭吗？
　b：ニューヨークで人民日報は手に入るの？

3 〈**V 不好**〉
　a：他是广州人，说不好普通话。
　b：彼は外国人だから，漢字がうまく書けません。

4 〈**V 不动**〉
　a：你搬得动这两座大山吗？
　b：彼女はへとへとで，もう歩けない。

5 〈**V 不下**〉「…するだけのスペース・空間的ゆとりがない」
　a：这张纸太小，写不下那么长的文章。
　b：この車は小さすぎて，5人も乗れません。

6 〈**V 不进去**〉
　a：商店里人太多，我们挤不进去。
　b：入り口に自転車が数台とめてあって，中に入れません。

7 〈**V 不起**〉「金銭的・経済的に手が届かなくて…できない」
　a：这么贵的菜，我根本吃不起。
　b：今，中国ではベンツを買える人がたくさんいます。（"奔驰 Bēnchí"）

8 〈**V 不过来**〉「…するのに手が回らない・行き届かない」
　a：资料多得看不过来。
　b：品物が多すぎてとても数えきれません。（数 shǔ）

作文練習：可能補語を使って中国語に訳しなさい。
1：「黒板の字，あなたはっきり見えますか？」
　「先生の書く字が小さすぎてよく見えません。」
2：「大学の講堂に何人座れますか？」
　「三百人余り座れます。」
3：残念ながら私は広東語が聞きとれません。
4：今日は夕食までに帰ってこれないから，君達先に食べなさい。
5：薬は金で手にはいる（买到）が，健康は金では買えない。

| 比較 | 可能補語 vs.状態補語 |

可能補語，状態補語いずれも動詞と補語の間に"得"をはさみますが，現実に使われる姿は大きく異なります。

	肯定形	否定形	未定・質問形	目的語
可能補語	写得好	写不好	写得好吗？ 写得好写不好？	写得好汉字 写不好汉字
状態補語	写得很好 写得好极了 写得好好儿的	写得不好	写得好吗？ 写得好不好？ 写得怎么样？	写汉字写得很好 汉字写得好好儿的

北京の"奔驰SLK"，ナンバープレートは9988（久久发发）

制限副詞："只"

　"独生子女政策 dúshēng zǐnǚ zhèngcè"「一人っ子政策」を提唱する"一对夫妇只生一个好。"というスローガンがあります。「一組の夫婦は子供を一人だけ産むのが良い」というわけですが，ここで使われている"只 zhǐ"という副詞は「…だけ」の意味で，**範囲・数量の制限**をあらわします。

　"只不过 zhǐbúguò…"というかたちは「ただ…に過ぎない」という一層強い限定を示し，このとき文末に"…罢了 bàle""…而已 éryǐ"「…のみ。」といったことばが呼応して使われることがあります。

文型：

| "只不过…罢了/而已。" | ⇨ 谈不上内行，**只不过爱看罢了**。

借文练习：

1a：我<u>只</u>看过说明单，还没看过电影。
1b：私は中国語が話せるだけで，英語はできません。

2a：我去晚了，<u>只</u>看了最后一幕 mù。
2b：彼はひどく緊張して，ありがとうの一言しか言えなかった。

3a：这种药<u>只</u>吃一片就行。
3b：僕はひとめ見るだけでけっこうなんです。

ムード動詞:"是"

"是 shì"は「…は…である」という話し手の判断を示す動詞でした。(☞1課:"我是他的学生。")その点では一見したところ英語の be 動詞に似て見えます。

しかし,この動詞が英語の be 動詞と大きく違う点は,その目的語に名詞のみならず用言性のことばも取ることができるところにあります。働きの上では**ムード副詞につながる**一面もあるのです。その場合,"是"は強く読まれて「確かに…である」という話し手の認定をあらわします。(☞1課,22課)

(例)B[2]〜A[3]:"京剧唱词儿很难听懂，**是**不**是**?""**是**不容易听懂。"

中国的方言实在**是**太复杂了。(13課 B[6])

日訳練習:

1) 我<u>是</u>说过，可不<u>是</u>这个意思。
2) <u>是</u>下雨了，不信，你出去看看!

推量表現:"看(起)来,…。"

"看来 kànlai"また"看起来 kànqilai"(V 起来☞20課)という動詞句は,「見たところ,どうやら…のようだ」という話し手の想定をあらわす推量表現になります。

文の中では,"大概 dàgài, 也许 yěxǔ, 恐怕 kǒngpà"(たぶん,おそらく)のようなムード副詞と同様に,文頭または述語の前に置くことができます。

(例)B[6]:**看来**，您对京剧还挺内行呢!

看起来，古代也有睡懒觉的。(20課 B[9])

日訳練習:

1) <u>看来</u>，您对中国少数民族的风俗习惯相当熟悉。
2) 天气预报说，明天晴天，最高温度是二十度，<u>看来</u>是个好天。

水漫金山（白蛇伝）

查查字典：形声字(4)

[皮]　皮 pí（皮鞋）　　：披 pī（披大衣）　：疲 pí（精疲力尽）：
　　　彼 bǐ（彼此）　　：被 bèi（被子）　　：波 bō（波浪）　：
　　　玻 bō（玻璃）　　：菠 bō（菠菜）　　：坡 pō（山坡）　：
　　　颇 pō（颇久）　　：婆 pó（老太婆）　：破 pò（破产）。

[京]　京 jīng（北京）　：惊 jīng（吃惊）　：鲸 jīng（鲸鱼）：
　　　景 jǐng（景色）　：影 yǐng（电影）　：凉 liáng（凉快）：
　　　谅 liàng（原谅）　：晾 liàng（晾衣服）：掠 lüè（掠夺）：
　　　琼 qióng（玉液琼浆）。

[令]　令 lìng（命令）　：零 líng（一百零一）：玲 líng（小巧玲珑）：
　　　龄 líng（年龄）　：伶 líng（伶俐）　：铃 líng（车铃儿）：
　　　翎 líng（翎毛）　：岭 lǐng（翻山越岭）：领 lǐng（领导）：
　　　邻 lín（邻居）　　：怜 lián（可怜）　：冷 lěng（冷静）。

22

看京剧㈡:
他们谁也碰不着谁。

> すでにアスペクト辞や結果補語として登場済みの"了 le"と"着 zhe/zháo"ですが，22課ではそれぞれ可能補語の"V 不了 liǎo""V 不着 zháo"となって再登場します。やはりこれらも不可能形として使われるのがふつうです。
> さて課文では，"摸黒 mōhēi"(暗闇の中でのさぐり合い)すなわちダンマリ劇の名品として名高い"三岔口 Sānchàkǒu"の延々続く大立ち回りに佐々木君はすっかり魅了されてしまったようです。

CD2-23

课文　　A＝佐佐木　忠　　B＝冯　珠丽

A¹: 小冯，下一个节目是什么？

B¹: "三岔口"，是他们的拿手好戏。

A²: 我想出去一下儿，喝点儿水，休息会儿。

B²: 马上开演了，你别走了。

A³: 我听不懂京剧。唱词儿听不懂，说的话也听不懂。

B³: 我想你不会都听不懂吧。

　　有的角色说的都是很标准的北京话，你一定能听懂一些。

里边儿的一些北京土话，恐怕你听不懂。

不过，你放心，下面演的是武戏，表演多，说话少。

只要耐心地看，你就会看得懂。哎，你看，开始了。

A⁴：你听，这不是说话了吗？

B⁴：你怕什么！这几句是人物自己介绍自己的情况，比如说，叫什么名字，是哪儿的人，干什么来的等等。

A⁵：噢，原来是在做自我介绍呢。

B⁵：是啊，这个人说，他叫任(Rén)堂惠。天黑了，他来旅店住一个晚上。这几句话，你都听懂了吧？

A⁶：嗯，真有意思。你看，他们两个人拿着刀乱摸，找什么呢？哎呀，旅店老板跟任堂惠打起来了。多危险呢！可是，他们谁也碰不着谁。

B⁶：这是夜里，屋子里没有灯，他们谁也看不见谁。

A⁷：他们演得太精彩了，明明是灯火辉煌，却让人觉得是在夜里。真不简单，太棒了！

——他们看完了戏。

B⁷: 看来，这出戏你看得着了迷。

A⁸: 简直是太好了！还有这样的戏吗？

B⁸: 你说什么样的戏？

A⁹: 就是不听唱词儿也能看得明白的戏。

B⁹: 有是有，可是不太多。

A¹⁰: 演的时候，请告诉我一声，我早点儿来。

B¹⁰: 干吗那么早来呀？　（干吗 gànmá ☞25課）

A¹¹: 来晚了就买不着票了吧？

B¹¹: 好，有好戏，我一定会告诉你的。

可能補語："V 不着 zháo""V 不了 liǎo"

☆"V 不着 zháo""V 得着 zháo"

　"着"が結果補語として使われると"zháo"と読まれ、**動作の目標が成就**されることをあらわします。（☞16課）

　この"V 着 zháo"をもとにして生まれる可能補語が"V 不着 zháo""V 得着 zháo"になります。

結果補語		可能補語	
找着 zhǎozháo	⇨	找不着 zhǎobuzháo ～	找得着 zhǎodezháo
探し当たる		探し当たらない	探し当てられる

(例) A[6]：他们谁也**碰不着**谁。

A[11]：来晚了就**买不着**票了。

借文練習：

1a："你在上海买得着这样的手表吗？""恐怕买不着。"

1b：「図書館であの本が借りられますか？」

「おそらく借りられないでしょう。」

2a：你把我的眼镜儿放在哪儿了？我怎么找也**找不着**。

2b：僕のライターどこへやったの？ このマッチ，どんなに擦ってもつかないよ。（打火机 dǎhuǒjī，划火柴 huá huǒchái）

3a：外面太吵闹了，**睡不着**觉。（睡觉 shuì//jiào ☞20課 離合詞）

3b：このなぞなぞは難しすぎてわかりません。（猜谜语 cāi míyǔ）

★ "V 不了 liǎo" "V 得了 liǎo"

"了"は動作の実現・完成をあらわすアスペクト辞でした。（"了₄" ☞12課）

この "了" は "liǎo" と読まれて，可能補語 "V 不了" "V 得了" としてあらわれます。（これに理論上対応する結果補語 "V 了 liǎo" は，現実には "V 了 le" しかありません。）意味は，(1)**動作が完成しきれるか否か**，(2)**動作が実現するか否か**をあらわします。

(例) 有的人能忘了吃饭，也**忘不了**喝茶。（19課 A[6]）

"别忘了带照相机！""**忘不了！**"（7課 A[12]）

（結果補語）	可能補語	
（吃了 chīle）	⇨ 吃不了 chībuliǎo	～吃得了 chīdeliǎo
（食べた）	⇨ 食べきれない	～食べきれる
（戒了 jièle）	⇨ 戒不了 jièbuliǎo	（☞20課）
（やめてしまう）	⇨ やめきれない	

(1) 数や量の面で動作を完成しきれるか否か：
　　吃不了 chībuliǎo →我**吃不了**这么多菜。
　　　　　　こんなにたくさんの料理を私は食べきれません。

借文練習：
　　a："这些冰棍儿 bīnggùnr，你一个人吃得了吗?"
　　　　"太多了，我一个人吃不了。"
　　b：你的行李 xíngli 太多了，看来随身带不了。
　　c：「そんなに多くのビールを君一人で飲みきれるの？」
　　　　「平気さ、飲みきれるよ。」

(2) 動作行為を実現できるか否か：
　　来不了 láibuliǎo →明天我有事，**来不了**。
　　　　　　明日用事があって来れません。

借文練習：
　　a：我永远忘不了您的好意。
　　b：我有急事，明天上不了课了。
　　c：今晩は残業をしなくてはいけないので、おそらく家には帰れません。（加班 jiābān）

◎イディオム的な可能補語表現
　　谈不上 tánbushàng：…とまでは言えない
　　　　　　A[7]：**谈不上**内行，只不过爱看罢了。
　　说不上 shuōbushàng：…とまでは言えない
　　　　　　"听说你很懂山水画。""**说不上**懂，只是喜欢罢了。"
　　来不及 láibují：間に合わない
　　　　　　现在后悔 hòuhuǐ 也**来不及**。
　　少不了 shǎobuliǎo：欠くことができない、欠かせない
　　　　　　学习外语，**少不了**词典。
　　算不了 suànbuliǎo：物の数に入らない
　　　　　　不要紧，**算不了**什么。

受不了 shòubuliǎo：耐えられない
　　　　中药很苦，我**受不了**。(12課 C⁹)
用不着 yòngbuzháo：するに及ばない
　　　　这么点儿事儿，**用不着**你自己去办。
看不起 kànbuqǐ：見下げる，馬鹿にする
　　　　你们不要**看不起**他。
了不起 liǎobuqǐ：たいしたものだ，立派だ
　　　　"我儿子考上了北大。""真不简单，**了不起**！"
对不起 duìbuqǐ：合わせる顔がない
　　　　→「申し訳ありません。すみません。」
　　　　要是考不上大学，怎么能**对得起**父母呢?
吃不了兜着走 chībuliǎo dōuzhezǒu：(慣用句)食べきれなくて包んで帰る⇨最後まで責任を負う。

| 比較 | 「食べられない」

　不可能補語を用いてどうして食べられないのかまではっきり表現することができます。ちなみに，助動詞を使う"不能吃 bùnéng chī"は「食べるわけにはいきません，食べてはいけません」という制止表現ですからご注意！(☞10課)

吃不了 chībuliǎo	食べきれない	这么多菜，我一个人**吃不了**。
吃不完 chībuwán	食べ終わらない	这么多菜，一个小时**吃不完**。
吃不到 chībudào	食べ当らない	在日本，**吃不到**地道的烧卖。
吃不上 chībushàng	食いはぐれる	快走吧,再晚了就**吃不上**饭了。
吃不下 chībuxià	喉を通らない	我不舒服，什么也**吃不下**。
吃不惯 chībuguàn	食べ慣れない	生鱼片，我们都**吃不惯**。
吃不来 chībulái	食べつけない	牛肉我还**吃得来**，羊肉就**吃不来**了。
吃不得 chībude	有害で食べられない	这条鱼不新鲜，**吃不得**。
吃不起 chībuqǐ	高価で手が届かない	我**吃不起**法国菜。

可能性の"会"

◇助動詞"会huì"には二通りの意味用法があります。その一つは、練習・訓練の成果として会得した技術「…できる」でした。(☞10課)

◆いま一つは、「…するはずだ」という将来の可能性をいう表現に使われます。このとき、話し手の断定をあらわすムード助詞"的 de"が文末に呼応して使われることがあります。(☞17課)

　　▷"会 VP 的。"　我相信你一定**会**喜欢这出戏**的**。(21課 A[8])
　　　　　　　　B[11]：有好戏，我一定**会**告诉你**的**。

文型：

肯定表現	"会 VP(的)。"	…するはずだ。
否定表現	"不会 V(的)。"	…はずはない。
未定表現	"会不会 V?"	…はずかどうか?

日訳練習：
1) 会有这样的事儿吗? 不会吧? 怎么会呢!
2) 我做梦都没想到事情会这么顺利。
3) 这本词典送给你留个纪念吧，我想它对你会有用的。

条件表現："只要 P 就 Q。""只有 R 才 Q。"

ある条件を提示して結論に導くとき、"只要 zhǐyào P 就 jiù Q。"と"只有 zhǐyǒu R 才 cái Q。"という二つの文型があります。

☆**只要 P 就 Q**。：「必要条件 P を満たしさえすれば結論 Q が得られる」という関係です。条件と結論がスムースにつながるので、後節には順接の接続副詞"就"がつなぎをします。("要是"☞17課、"就"☞7課)

(例) B[3]：**只要**耐心地看，你**就**会听得懂。

★**只有 R オ Q**。:「結論 Q を得るためには唯一条件 R を満たすしかない;唯一条件 R を満たしてはじめて結論 Q が得られる」という関係です。ここでは順調には結論が得られないことを述べているので逆境の接続副詞"才"が後節のつなぎのことばになります。("才" ☞ 7 課)

　　　条件「手術をする」→結論「病気がよくなる」
　　☆必要条件 P:「手術をしさえすれば…」**只要**做手术，你的病**就**能好。
　　★唯一条件 R:「手術をしてはじめて…」**只有**做手术，你的病**才**能好。

借文練習:
　1a:字<u>只要</u>清楚<u>就</u>行。
　1b:服装は清潔でありさえすればよろしい。

　2a:<u>只要你愿意去，就</u>可以去。
　2b:あなたの両親が賛成するなら、あなたは行かなくてもよろしい。

　3a:<u>只有学好了汉语，才</u>能很好地研究中国社会。
　3b:秋にならないと香山の紅葉は見られない。

　4a:<u>只有你自己下水，才</u>能学会游泳。
　4b:たくさん聞き話さないと外国語はマスターできないよ。

　5a:<u>只要你拿出护照来，我就</u>相信。
　5b:君がパスポートを出さなきゃ僕は信じられないね。

　6a:習った字なら僕は書けます。
　6b:習った字しか僕は書けません。
　6c:習った字さえ僕は書けません。

仮定譲歩表現："就是 P 也 Q。"

"就是 jiùshi…"ということばは、まとを一点に絞り込んで「まさに・ほかならぬ…である」という限定表現として使われます。

この基本的意味を保ちながら"也"と呼応して「たとえ他ならぬ P であっても Q。」という仮定譲歩の逆接表現に使われます。接続詞に"即使 jíshǐ""哪怕 nǎpà"を使うこともあります。

文型：

就是 / 即使 / 哪怕 P，也 Q。	たとえ P でも Q である。

（例）A⁹：**就是**不听唱词儿**也**能看得明白的戏。

日訳練習：

1）你<u>就是</u>开玩笑<u>也</u>不该说这种话。
2）你<u>就是</u>生气<u>也</u>没有办法。
3）他<u>就是</u>骂我，我<u>也</u>不同意他的意见。
4）他和他弟弟长得一模一样 yìmúyíyàng，<u>就是</u>家里人有时<u>也</u>分不清。
5）<u>即使</u>别人不批评你，你<u>也</u>应该自己检讨 jiǎntǎo 一下。

譲歩表現："x 是 x，可是…。"

認定判断をしめす動詞"是""…である"の前後に同じ項 x を置いて「x はたしかに x ではあるが、しかし…」という譲歩の逆接表現を造ります。このときの"是 shì"は強く読まれます。（☞21課）

x の位置には形容詞、動詞、名詞などの実詞が入ります。

後節の接続詞には"可是，但是，不过，就是，只是"など話の腰を折ることばが使われます。

（例）B⁹：**有是有，可是**不太多。　あるにはあるけれども、多くない。

借文練習：
1a：东西旧是旧，可是还能用。
1b：品は良いには良いが，ただ(就是)値段がたかすぎる。

2a：他瘦是瘦，可是从来不生病。
2b：家賃は安いには安いけれど部屋があまりにせまい(房租 fángzū)。

3a：我每天用电须刀 diànxūdāo 刮胡子，快是快，但总是刮不干净。
3b：その件なら僕は知るには知ってるけど，君には言わないぞ。

"谁也不 V 谁。"

「どちらもお互いに…しない」という意味を前後に呼応する"谁 shéi"を否定文に使ってあらわします。この場合，前後の"谁"はそれぞれ違う人を指しています。(☞24課)

（例）A⁶：他们**谁也碰不着谁**。
　　　B⁶：他们**谁也看不见谁**。

日訳練習：
1) 我在里屋，他在外屋，我们谁也看不见谁。
2) 我们几个人上大学以前谁也不认识谁。
3) 从今天起，我是我，你是你，谁也不干涉 gānshè 谁。
4) 你们要讲公共道德 dàodé，谁也不能偷谁的东西。
5) 他说英语，我说汉语，谁也听不懂谁的话。

23

景德镇的瓷器比玉白，比纸薄。

> 　　もとより形態変化に乏しい中国語ですから，形容詞にもやはり比較級や最上級といった形態変化はありません。そこで，比較表現は介詞"比 bǐ"を用いた構文であらわされます。言うまでもなく，この"比"は「…と比べる」という意味の動詞が虚化してできた介詞です。
> 　　23課のタイトルにある景徳鎮は，江西省にある中国最大の焼き物の街で，はるか漢代の昔から陶磁器 *china* 生産の歴史があるといわれます。日本にも高級なホタル焼きの食器などが輸出されています。

CD2-24

课文　　A＝宫田　宏　　B＝售货员

A¹：小姐，我要一套瓷器茶具。

B¹：好，您看看这套，这是江西景德镇的。

A²：景德镇的瓷器非常有名，是吧?

B²：是的。景德镇生产瓷器的历史很长了。

　　　有人说，那儿的瓷器比玉白，比纸薄，质量非常好。

A³：做得真漂亮，确实名不虚传。这种茶具多少钱一套?

B³：这套一个茶壶和六个茶碗，一共九百八十块。

A⁴：哟，那么贵！我买不起。有没有比这个便宜的？

B⁴：这套河北唐山的茶具比那套便宜一点儿。

A⁵：质量有那套好吗？

B⁵：质量也不错。茶壶没有那个大，只有四个茶碗。

唐山生产瓷器的历史虽然没有景德镇长，可是解放以后有了很大的发展，质量比以前提高了。

A⁶：我觉得茶壶上的画儿比那套画得好。

B⁶：这是徐悲鸿的画儿。

茶壶、茶碗都好看，也很便宜，一共七百二十块钱。

A⁷：又好又便宜，就要这套。请给我一件一件地包一下儿。

B⁷：还要别的吗？

A⁸：不要了。

顺便问一下儿，买暖水瓶在哪儿？

B⁸：前边儿拐过去，靠北的柜台就是。

A⁹：知道了，谢谢你。

B⁹：不用谢。您慢走，欢迎再来！

徐悲鸿(1894～1953)『奔马』

介詞"比"による比較表現

☆「AはBより…である」という比較表現は，**介詞"比 bǐ"**を用いて"A 比 B…。"という構文であらわされます。比較の相手"比 B"の部分が主語と述語の間に入る介詞特有の語順を今一度確認してください。(介詞☞4課)

文型："A 比 B…。"
 (例)B^2：景德镇的瓷器**比**玉白，**比**纸薄。
    景徳鎮の陶磁器は玉石より白く，紙より薄い。
 (諺)瘦死的骆驼**比**马大。
    ラクダは痩せて死んだものでも馬より大きい。⇨腐っても鯛。

△述部が状態補語"V 得 C"である文の場合，介詞句"比 B"は"V 得 C"全体の前もしくは補語 C の前のいずれにも入ることができます。
   他睡得晚。 彼は寝るのが遅い。
 ⇨ 他**比我**睡得晚。 彼は<u>僕より</u>寝るのが遅い。
 ⇨ 他睡得**比我**晚。 彼は寝るのが<u>僕より遅い</u>。

★二者を比較することで判明した具体的な**数量差は，述語形容詞の後ろに置く**ことができます。日本語にひかれて形容詞の前に置かないように注意！

比較			
日本語：高い	⇨	500メートル高い	ちょっと高い
中国語：高	⇨	高 五百米	高 一点儿

(1)   高   高い
 a   比那座山 高。   あの山より高い。
 b 这座山 比那座山 高五百米 mǐ。 この山はあの山より500メートル高い。

(2)　　　　　　　　瘦了　　　　　やせた
　　　　　　　　　　瘦了三公斤　　3キロやせた
　　　　　　比去年　瘦了三公斤　　去年より3キロやせた
　　　　她　比去年　瘦了三公斤。　彼女は去年より3キロやせた。

借文練習：

1a："这种茶壶怎么样？""这种茶壶<u>比</u>那种小。"
1b："这个演员怎么样？""这个演员好像<u>比</u>那个演员演得好。"
1c：「この自転車はどうですか？」「この自転車はそれより乗りやすいです。」

2a：她<u>比</u>她妈妈长得更漂亮。～她长得<u>比</u>她妈妈更漂亮。
2b：学外语，孩子<u>比</u>大人学得快。～学外语，孩子学得<u>比</u>大人快。
2c：彼の奥さんは彼より上手に日本語を話します。

3a："这块宝石 bǎoshí <u>比</u>那块贵多少钱？""贵一百块。"
3b："这件大衣<u>比</u>那件肥 féi 多少公分 gōngfēn？""肥五公分。"
3c：「このタワーはあのビルより何メートル高いのですか？」
　　「55メートル高いです。」（塔 tǎ, 大楼 dàlóu）

4a：今年的牛奶产量<u>比</u>去年增加了五百吨 dūn。
4b：昨年のリンゴの生産高は一昨年に比べてどれだけ増えましたか？

◇比較を通じて判明した差を具体的な数字では言わないで程度の差として言う場合，次のような表現ができます。

AはBより，ちょっと…だ。	…一点儿	⇨A比B	好一点儿。
AはBより，ずっと…だ。	…得多	⇨A比B	好得多。
AはBより，ずっと…だ。	…多了	⇨A比B	好多了。
AはBより，もっと…だ。	更…	⇨A比B	更好。
AはBより，もっと…だ。	还…	⇨A比B	还好。

(3)　　　　　　　　　多　　　　多い
　　　　　　　比我的　　多　　　　僕のより多い
a　他的工资　比我的　多。　　　彼の給料は僕のより多い。
b　他的工资　比我的　多一点儿。　彼の給料は僕のよりちょっと多い。
c　他的工资　比我的　多得多。　　彼の給料は僕のよりずっと多い。
d　他的工资　比我的　更多。　　　彼の給料は僕のよりもっと多い。

借文練習：

1a：今年好像比往年 wǎngnián 热一点儿。
1b：今月は先月よりも少し暖かいようだ。

2a：新干线"希望"号比"光"号快得多。
2b：市内（城里 chéngli）では自転車で行く方が車で行くよりずっとはやい。

3a：雨下得比刚才大多了。
3b：今日は昨日よりずっと気分がよくなった。

4a：你来比我去更方便。
4b：僕が言うよりは君が言う方が適当だ。（合适 héshi）

5a：那个女人比狐狸 húli 还狡猾 jiǎohuá。
5b：わたしは総理大臣なんかよりずっと忙しい。

　比較　　"比…更～" vs. "比…还～"

比較文にあらわれる程度副詞には"更 gèng"と"还 hái"の二つがあり、微妙なニュアンスの違いを反映して使われます。

　△"比…更～"：同じ土俵・物差しの上でなされる実際の比較。
　　　　　⇨哈尔滨比北京更冷。　　ハルピンはペキンより寒い。
　　　　　　水饺比锅贴 guōtiē 更好吃。　水餃子は焼き餃子よりうまい。

　▲"比…还～"：程度の甚だしさを言いたいための修辞的比喩。比較の
　　　　　　　相手は極端な物が落ち着く。驚きを伴う誇張的表現に
　　　　　　　なる。

⇨ 今年气候反常，上海比哈尔滨**还**冷。
　　　今年は異常気象で，シャンハイの方がハルピンよりも寒い。
　　他唱得比他老师**还**好。
　　　彼は師匠よりも歌がうまい。
　　他瘦得胳膊 gēbo 比火柴棍儿**还**细 xì。
　　　彼は痩せてしまって腕がマッチ棒よりもずっと細い。

◎ "比" を使うイディオム的表現

"一天比一天"	日に日に	天气**一天比一天**冷起来了。
"一年比一年"	年々	戒烟的人**一年比一年**多了。
"一次比一次"	回を逐うごとに	战斗 zhàndòu **一次比一次**激烈 jīliè。

作文練習：
1：兄は私より三つ年上で，妹は私より二つ年下です。(大，小)
2：夫はわたしよりもっと無口です。(不爱说话)
3：この映画は原作小説よりもずっとおもしろい。
4：お金を銀行に預けておくほうがお金を家に置いておくより安全です。(把钱存 cún 在银行)
5：これよりもう少しゆるめのズボンはありませんか？
6：我々の生活レベルは年々アップしている。(生活水平 shuǐpíng)
7：北方の人は南方の人よりも小麦粉で作った食品(面食 miànshí)を好む。
8：あなた，前より随分太ったみたいですね。
9：彼女は英語をアメリカ人よりずっと流暢に話します。
10：北京大学のキャンパス(校园 xiàoyuán)は私が思っていたよりもずっと大きかった。

|比較| "早来" vs. "来早"

 "早 zǎo，晚 wǎn""多 duō，少 shǎo"といった形容詞のペアーは，動詞の前後いずれにも置くことができますが，使用される場面背景が大きく異なります。

☆動詞の前に置いて副詞的に用いる場合は，「**意図的に，わざわざ（早く，遅く，多く，少なく）…する**」という意味になります。したがって，命令表現はこのタイプを用います。

　　早＋来　　⇨你要早点儿来。　　　少し早めに来なさい。
　　多＋吃　　⇨请你多吃一点儿吧。　たくさん食べてください。
　　多＋喝　　⇨打完针，吃点儿药，多喝开水，休息两天就好了。(12課)
　　多/少＋V　⇨少花钱，多办事。　　金は控えめに使い，仕事は多めにせよ。
　　少＋说　　⇨少说两句!　　　　　口をつつしめ！

★動詞の後に来て結果補語になる場合は，ふつう"了"を伴って「**思わず，あまりに（早く，遅く，多く，少なく）なってしまった。**」というミス・過失の意味を持ちます。

　　来＋晚　　⇨对不起，我来晚了。　ごめんなさい，遅刻しました。
　　来＋早　　⇨现在才七点，我来早了。まだ7時だ，早く来すぎた。
　　吃＋多　　⇨我吃多了，闹肚子了。　食べ過ぎてしまって，腹を下した。
　　浇 jiāo＋多⇨给花儿浇水浇多了，花儿倒死了。
　　　　　　　　花に水をやりすぎて，かえって花を枯らしてしまった。

◎比較表現には副詞的用法の言い方がよくあらわれます。

文型：

（比…）	早 晚 多 少	V＋差異数量。

「差異数量ぶんだけ，(…より)早く/遅く/多く/少なく/…する」

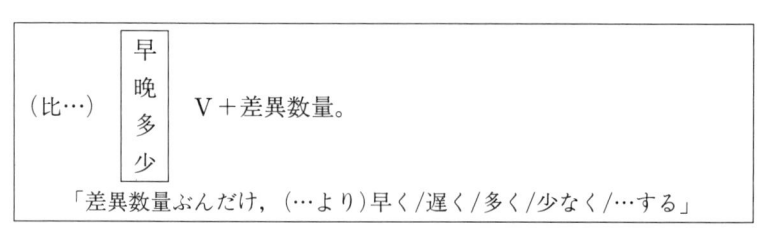

早＋来⇨我比你早来了五分钟。
晚＋睡⇨他比我晚睡了一个小时。
多＋喝⇨他比我多喝了三瓶啤酒。
少＋吃⇨我比平时少吃了一碗饭。

"有/没有"による比較表現

「AはBくらい…だ。/AはBほど…ない。」という比較表現を"有 yǒu/没有 méiyǒu"を用いてあらわすことができます。

文型：

肯定表現	AはBくらい…だ。	A有B…。	A有B那么…。 A有B这么…。
否定表現	AはBほど…ない。	A没有B…。	A没有B那么…。 A没有B这么…。
未定表現	AはBくらい…か？	A有没有B…？	A有没有B那么…？ A有没有B这么…？

(例) A⁵: 质量**有**那套好吗？
    B⁵: 茶壶**没有**那个大，…。
    B⁵: 唐山生产瓷器的历史**没有**景德镇长，…。

(1) 　　　　　　　　　高　　　　高い
　　　　　　　　这么高　　これくらい高い
　　　　　　我这么高　　僕のこれくらい高い
　　　　有 我这么高　　僕くらい高い
　　我弟弟 有 我这么高。弟は僕くらい高い。

(2) 　　　　　　　　喜欢下棋　　碁が好き
　　　　　　　　他喜欢下棋　　彼は碁が好き
　　　　没有 他(那么)喜欢下棋　　彼ほど(あんなに)碁が好きでない
　　我 没有 他(那么)喜欢下棋。私は彼ほど碁が好きではない。

借文練習:

1a:那本词典差不多<u>有</u>电话簿那么厚。

1b:ここの蚊は蠅くらい大きい。(蚊子 wēnzi, 苍蝇 cāngying)

2a:我下棋<u>没有</u>你下得好。～我下棋下得<u>没有</u>你好。

2b:私は夫ほど料理がうまくありません。

3a:你们那儿<u>有没有</u>这儿热?

3b:大阪の人口は上海ほど多いですか?

4a:这个电影<u>没有</u>他说的那么有意思。

4b:あそこのシューマイ(烧麦 shāomǎi)は皆が言うほどはおいしくない。

| 比較 | "A 不比 B…。" vs. "A 没有 B…。"

否定形の比較表現には,"A 不比 B…。"と"A 没有 B…。"の二通りありえますが,両者には下のような大きな違いがあります。

☆**"A 不比 B …。"**:A は B より…というわけではない。(A も B と同じくらいの程度である。A≒B)多くの場合,相手の言葉や思いこみに対して反論するような表現として使われます。

  ⇨①这个**不比**那个好吃。　これはあれよりおいしいわけではない。
  　②哥哥**不**一定**比**弟弟聪明。

★**"A 没有 B …。"**:A は B ほど…ない。A は B のように…ではない。
  　　　　　　(B の方が A よりも…である。A<B)

  ⇨③这个**没有**那个好吃。　これはあれほどおいしくない。
  　④广州从来**没有**北京那么冷过。
  　⑤钱有是有,可是**没有**你想的那么多。

譲歩表現："虽然 P, 但是 Q。"

"虽然 suīrán"という接続詞は「…であるとは雖（いえど）も…」という意味の譲歩表現を導きます。（書きことばでは"虽 suī"，話しことばでは"虽说 suīshuō"とも言う。）

後節 Q には逆接の接続詞"但是，可是，却 què"などが呼応します。

文型：	$\left\{\begin{array}{l}虽然\\虽\\虽说\end{array}\right\}$ P, $\left\{\begin{array}{l}但是\\可是\\却\end{array}\right\}$ Q。	P ではあるが Q だ。

（例）B⁵：唐山生产瓷器的历史**虽然**没有景德镇长，**可是**解放以后有了很大的发展，质量比以前提高了。
　　　他说："**虽然**用脚试也可以，**但是**我更相信尺码"。（18課）
　　　愚公回答说："我**虽然**要死了，**但是**我还有儿子，…"（20課）

借文練習：

1a：他虽然没有留过学，但是英语讲得非常流利。
1b：彼女は経験はないけれども，仕事をたいへん立派にやった。

2a：虽然我很喜欢诗词 shīcí，可是不会写。
2b：彼は歌が好きだけれど，あまりうまくない。

3a：这个孩子虽然年纪不大，可是非常懂事。
3b：祖父は髪がすっかり白くなりましたが，まだまだ達者です。

4a：虽然座谈会的时间比较长，但是大家都不觉得累。
4b：彼のことは知っていますけれど，そんなに親しくはないんです。

CD2-25
[応用練習]

次の故事は「蛇足」という成語の由来を述べたものです。文中の日本語部分を中国語に訳し、全文を読みなさい。また、自分の中国語で語り直す練習をしなさい。

画 蛇 添 足

古时候，有几个人得到了一壶酒。可是，酒太少，只够一个人喝。这壶酒给谁喝呢？半天决定不了。

有人说："我们每个人都在地上画一条蛇，大家比一比，看谁画得快。画得最快的人喝这壶酒，好不好？"大家都同意这个办法，就拿树枝在地上画起来了。

有一个年轻人（他の人よりも描くのが早く），他看看别人还都没画完，就拿起酒壶得意地说："你们画得多慢哪！我现在还有时间，让我再给蛇添上几只脚吧。"

当年轻人正在给蛇画脚的时候，另一个人已经把蛇画完了。他把酒壶从年轻人手里抢了过去，说："（私の方が君よりも早く描いた），这壶酒应该给我喝。"

年轻人一听，着急地说："（あなたは僕が描くほど早くなかった），我

早就画完了。不信，你看看，我还给蛇添了几只脚呢。这壶酒该给我喝。"

那个人笑着说："人人都知道蛇是没有脚的。你现在画了脚，就不是蛇了。所以第一个画完蛇的是我，不是你。"大家都说："他说得对，这壶酒应该给他。"

后来，人们根据这个故事创造了一个成语，叫"画蛇添足"，用来比喻一个人做了多余的事儿。

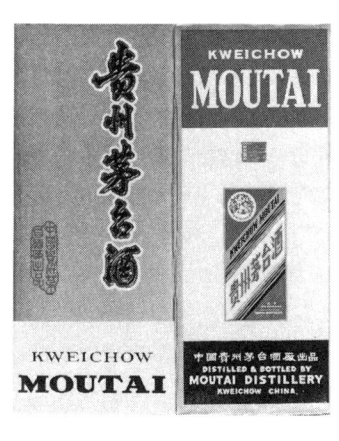

24

谁做得好，就给谁敬酒。

> 中国語の疑問詞は必ずしも疑問文にのみ使われるものではありません。本来的には，指示するものが未定であることを意味することばであると考えられます。(☞3課)この24課では，そのような疑問詞ならではの離れわざ——文の前後に同じ疑問詞を呼応させる——を練習します。
>
> 中国映画にはしきりに食事のシーンが出てきますね。さすがに"民以食为天 Mín yǐ shí wéi tiān"と言う如く，「食」をないがしろにしない文化を感じさせますが，この課文もそれに倣ってにぎやかな晩餐を舞台にします。
>
> ちなみに，中国でもっぱら見かける酢は"熏醋 xūncù"と呼ばれる黒酢です。この点を伏線にして課文のやりとりを読んでください。

CD2-26

课文　A＝曹　复兴　　B＝竹内　真里　　C＝山下　立郎　　D＝刘　莉

A¹: 山下、竹内，你们都来了，欢迎，欢迎！快请进，请里边儿坐吧！你们来到我家，可别见外，要跟在自己家里一样，好吗？

B¹: 谢谢。唉，曹先生，您爱人在哪儿？

A²: 她正在厨房里忙着做菜呢。

B²: 哪能让她一个人受累呢？大家都动手才有意思。

A³: 你说得很对。我建议，今天我们每个人都做一个自己拿手

264

的菜，怎么样？

B³: 好主意，我同意！谁做得好，就给谁敬酒；谁做得不好，就罚谁唱歌儿，好不好？

C¹: 真里，你想做什么菜呢？

B⁴: 我来做个青椒牛肉丝。立郎，你呢？

C²: 那么，我来做个香酥鸡。万一做坏了，请大家原谅。

A⁴: 我来做酸辣汤，这是我家乡四川风味儿的，味道又酸又辣，非常好喝。

B⁵: 哎，林意莲她怎么还没来？会不会有什么事来不了了？

C³: 早上她打电话来说可能晚来一会儿，如果五点不到就别等她了。

A⁵: 好吧，现在我们开始动手。刘莉，肉放在哪儿了？

D¹: 在冰箱里呢。油、盐、酱、醋都在厨房，你们随便用吧。

——餐桌上摆满了酒、菜。

D²: 菜都做好了，大家都来入座，看看谁的手艺高。

B⁶: 我提议，大家先干一杯！

A⁶：对，为我们的友谊干杯!

B⁷、C⁴、D²：干杯!

D³：这青椒肉丝做得还真是中国风味儿，味道跟饭馆里的一样好吃。真里，你真有两下子。

B⁸：您过奖。这是我从《家庭菜谱》上学来的。

A⁷：味道是挺香的。应该敬你一杯!

C⁵：朋友们，来尝尝我这香酥鸡的味道怎么样。

D⁴：好，我尝一尝……唉哟，怎么这么酸呢?

A⁸：没错儿，是够酸的。比我的酸辣汤还要酸。这是怎么回事儿?

C⁶：糟糕，我把醋当成酱油了。你们看，这是酱油，这是醋，颜色差不多一样，咳，味道完全不一样!

B⁹：你呀，真是个冒失鬼。

C⁷：我本来想露一手，这回可出丑了。

A⁹：哈，哈……咱们罚他唱歌儿，要用汉语唱。

C⁸：我做菜做得没有你们好，卡拉OK倒是我唱得最好，这次看我的吧!

疑問詞の連鎖表現

文の前後に同じ疑問詞を呼応して使って,「任意の未定項のいずれであっても……」という意味の表現を造ることがきます。

(例)**谁**做得好，就给**谁**敬酒；**谁**做得不好，就罚**谁**唱歌儿，好不好?
　　　　誰かが料理を上手にこしらえたらその誰かに祝杯をあげる。
　　　　⇨うまく料理をこしらえた人に祝杯をあげる。(この構文では前後の"谁 shéi"は未定の同じ人を指す。：参照　☞22課"他们谁也碰不着谁。")

この構文は日本語などの表現とはそもそもの発想が異なります。下の借文練習を通じて、中国語の疑問詞ならではの視点を身につけるよう心がけてください。

☆谁～谁
1a：谁愿意去，谁就去吧。
1b：心里有谁，谁就漂亮。
1c：谁汉语说得好，谁就给他们当翻译。
1d：一番先に着いた人が切符を買う。

★什么～什么
2a：你要什么，我给你什么。
2b：该说什么，就说什么。
2c：心里怕什么，偏偏 piānpiān 要碰到什么。
2d：今日は私のおごりです、食べたい料理を何でも注文してください。
　　（点菜 diǎn cài）

◇什么时候～什么时候
3a：我什么时候把作业做完了，什么时候就睡觉。
3b：你什么时候需要我的帮助，我就什么时候来。
3c：いつでもお暇なら来てよね。

◆哪儿～哪儿　哪里～哪里
4a：你叫我去哪儿，我就去哪儿。
4b：哪儿有好花儿，哪儿就有蝴蝶。
4c：どこでも好きなところへ行ってしまえ！

△几～几　多少～多少
5a：你要几张票，我就替你买几张。
5b：你有多少钱，就给我拿出多少钱来!
5c：食べられるだけお食べなさい。

▲怎么～怎么　怎样～怎样　怎么样～怎么样
6a：上次怎么做，这次还怎么做。
6b：你爱怎么样就怎么样吧，我不管。
6c：私は心の中で思っている通り口に出します。

同等表現："A 跟 B 一样(形)"

　介詞"跟 gēn""和 hé"は"一样 yíyàng"と呼応して同等表現「…と同じだ。」を造ります。更に形容詞を後置すると「…と同じように…だ。」となって、どの尺度で見て同等であるのかを詳しく述べることができます。

　"一样"をふくらませた"一模一样 yìmúyíyàng"「そっくり、まるで瓜二つだ」という成語を使うこともできます。。

　否定形の場合、ふつう否定副詞"不"は介詞の前には置かず、"一样"「同じだ」を否定して"不一样 bùyíyàng"「違う」とします。

文型：

肯定形	A 跟 B 一样(形)。	A と B は同じ(様に…)だ。
否定形	A 跟 B 不一样。	A と B は違う。
未定形	A 跟 B 一样不一样(形)？	A と B は同じ(様に…)か？

(例)味道跟饭店里的**一样**。　　　味はレストランと同じだ。
　　味道跟饭店里的**一样**|好吃|。　味はレストランと同じようにおいしい。

借文練習：
1a："这两个字发音一样不一样?""这两个字发音一样。"
1b：「この二つの単語の意味は同じですか？」「違います。」

2a："这两条河一样长吗?""这两条河差不多一样长。"
2b：「その二つの山は同じような高さですか？」「ほぼ同じ高さです。」

3a：我跟她一样不爱说话。
3b：弟も私と同様に下戸です。

4a：我要做一件跟这件一样的旗袍 qípáo。
4b：あれと同じパソコンが買いたい。（个人电脑）

5a：你去也好，他去也好，谁去都一样。
5b：ご飯を食べても良いし，麺を食べても良い。何を食べても一緒だ。

|比較|　比喩表現

　同等表現を中心核として，次のように比喩表現のヴァリエーションがあります。

同等・一致表現	A跟B一样(形)。	
類似・比喩表現	A像B一样(形)。	（☞17課）
比喩・推量表現	A好像B一样(形)。 A好像B似的。	（☞20課）

24課　269

反語表現："哪(儿)…？""怎么…？"

疑問副詞"哪(儿)nǎ(r)/哪里 nǎli…？"，"怎么 zěnme…？"は**修辞的な疑問文**を造ることができます。すなわち、「どうして…であろうか？⇨いいえ、…ではない。」という具合に，文の見かけを裏返した否定面を主張する表現意図を持った反語表現を造るのです。

(例)B²： **哪**能让她一个人受累呢？　⇨　不能让她一个人受累！
　　　不会吧？**哪儿**有这样的事儿？　　(19課 B⁶)

借文練習：

"哪(儿)/哪里…？"
1a：老赵<u>哪儿</u>会说俄语，他是学法语的。
1b：張先生がどうして北京人なものか，あの人は吉林の人だよ。

2a：学中文<u>哪儿</u>难哪！我看，比学英文容易得多。
2b：この辞書のどこが高いの！ＣＤなんかよりずっと安いよ。

3a：这么多东西，一个旅行箱<u>哪</u>能装得下？
3b：こんなに大勢の人間が１台の車に座れるものか！

"怎么…？"
4a：二十年没回家了，<u>怎么</u>能不想家呢？
4b：彼氏には五，六年も会ってないんだから，恋しくないはずは無いでしょ？

「指示語」＋数詞＋量詞＋名詞

原則的に中国語のコソアド指示詞"这，那，哪儿"は直接に名詞を修飾することはできず，名詞にかかるためには数量詞をあいだに介する必要がありました。(☞5課)実は，この性質は指示詞のみならず一部の副詞や方位詞などにも見られるものです。(例："明朝最后一个皇帝"17課，"前边儿一个大城市"18課) 言い換えれば，事物のありかを指示することば「指示語」が持つ共通性なのです。

文型：

指示語	＋数詞	＋量詞	＋名詞
这	一	个	国家
那	一	个	国家
哪	一	个	国家
某	一	个	国家
另	一	个	国家
同	一	个	国家
每	一	个	国家
这么	一	个	国家

指示語	＋数詞	＋量詞	＋名詞
这	一	次	会议
那	一	次	会议
哪	一	次	会议
第	一	次	会议
上	一	次	会议
下	一	次	会议
头	一	次	会议
最后	一	次	会议

比較 "每" vs. "各"

☆ **"每 měi"**：一部の固定句("每人，每年，每月，每天，每星期"など)を除き，数量詞を介してはじめて名詞に係る。

　　➪ 每(一)天洗一次澡，每两天洗一次头。

個々の事物の共通性に着目するので副詞"都"と相性が良い。

　　➪ 他们每(一)个人都唱一首歌儿。

★ **"各 gè"**：名詞をじかに修飾することができる。たとえ量詞を伴っても数詞を入れられない。

個々の事物間の差異・相違点に着目して使われる。

　　➪ 各位来宾：＊各三位来宾
　　➪ 各种各样 gèzhǒnggèyàng，各行各业 gèhánggèyè
　　➪ 各人有各人的想法。

目的表現：介詞"为""为了"

介詞"为 wèi""为了 wèile"は動作行為の目的や目標を導きます。目的をあらわす部分が長いときは、"为(了)…而 ér"という呼応形式を使って区切りをつけることがあります。

文型：为(了)…(…而 ér) VP。

（例）A⁶：**为**我们的友谊干杯！　　我々の友情のために乾杯！

(1) 为人民服务。
(2) 为了方便顾客，我们决定延长营业时间。
(3) "为了您和他人的幸福，请您遵守 zūnshǒu 交通法规 jiāotōng fǎguī。"（交通標語）

为了故宫安全
请您暂时戒烟
FOR THE SAFETY OF THE PALACE MUSEUM
AND YOUR HEALTH, PLEASE DO NOT SMOKE.

[応用練習]

次の小話は中国流「弁慶がな」が話のカギになっています。最後の下線を引いたせりふに適当な句読点を打って、この話に落ちをつけなさい。

你们吃什么，我也吃什么。

从前有个读书人，爱吃好的，但是不愿意干活儿，一直没有工作。后来他生活不下去了，才去求村里人说："只要你们管饭，我教书就不要钱。你们吃什么，我也吃什么就好了。"

村里人一听很高兴，就把他留在村里教书，并让他写了个字据。

他写道："无米面也可无鸡鸭也可无鱼肉也可无银钱也可。"

写完又念给大家听："无米面也可，无鸡鸭也可，无鱼肉也可，无银钱也可。"大家听了都放心了。

过了几个月，这个读书人很生气地对村里人说："你们天天让我吃这种饭，我一点儿也不想吃。每个月一分钱也不给我，这怎么行呢？"村里人说："你来的时候跟我们说过：我们吃什么，你也吃什么。这儿还有你写的字据。"

他说："是我亲笔写的字据，让我再给你们念一念，你们要好好儿听听：无米面也可无鸡鸭也可无鱼肉也可无银钱也可。"

25

他被大夫批评了一顿。

> 文を造るときに，動作（動詞）とそれに直接かかわる人や物（名詞）をどう配置するか——何を主語にし，どれを目的語にするかなど——といった側面をヴォイス（*Voice*，態）と言います。英語で習った例の能動態 *active voice* や受動態 *passive voice* がそうです。ヴォイスの違いによって，英語では動詞の形をあれこれ変えましたが，あくまでも形態変化に冷淡な我が中国語はここでも介詞を活用して文を組み立てます。というわけで25課では"被，叫，让"という介詞を用いる受け身的表現を取り上げます。
>
> さて，いよいよ『チャイニーズ・プライマー』をしめくくる最後の課文では，晴れて退院後，大いに鋭気を養って将来の事業に思いを馳せる梁さんが主人公です。

CD2-28

课文　　A＝魏　振华　　B＝梁　斌　　C＝孟　晓梅

A[1]: 老梁，您身体恢复得怎么样？

B[1]: 谢谢你，我还可以，比以前好多了。

　　　不过，你看看，让这病闹得人也瘦了，体力也差多了。

A[2]: 您刚出院，当然要比原来差一点儿。

　　　可是，有大嫂照顾，您一定能很快恢复健康的。

C[1]: 我照顾？他这个人哪，一点儿也不听我的话。

刚才还要出去跑步，让我给拉回来了。

B²：一点儿都不活动还行？

我是想早点儿恢复健康，早点儿回去搞实验嘛！

C²：大夫说，他病刚好，不要多用脑子，他不听，在医院里被大夫批评了一顿。出院以后还是不听话，那天我出去买东西不在家，他又拿起书来了。没想到我很快就回来，被我发现了，书叫我给抢过来了。

A³：哈，哈……大嫂，您管得真严呢。这叫"气管炎（妻管严）"！

B³：小魏，你笑什么！别拿我开心了。

A⁴：说正经的，您还是得休息休息。

B⁴：是啊，我是很注意休息的。可是，咱们那个实验就要出成果了，我却生病了。我总怕让我耽误了。她就知道管我的身体，不知道管我的实验。

C³：你又来了。没了你，地球就不转了？昨天马主任来看你的时候，不是说你的工作有人替你干了吗？

A⁵：老梁，大嫂的话很有道理呀，您安心休息吧。等恢复了健康，您就可以全力以赴去搞实验嘛！

受動表現:介詞 "被" "叫" "让"

20課で介詞 "把 bǎ" を用いた処置文について学びました。中国語の受け身文は介詞 "**被 bèi**" "**叫 jiào**" "**让 ràng**" などを用いますが,名詞の並べ方(すなわちヴォイス)がこの**処置文と対称的な**関係を構成するところに大きな特徴があります。処置文と同じように**述語動詞は何らかの補足成分を伴う**必要があります。

文型:

					N₁	介詞	N₂
"把" 処置文	大风	把	窗户	吹开了。	仕手 *agent*	"把"	受手 *patient*
"被" 受動文	窗户	被	大风		受手 *patient*	"被"	仕手 *agent*
自然受動文	窗户			吹开了。			

☆介詞 "被 bèi" は見てのごとく「…を被(こうむ)る」という意味の動詞が虚化したものです。本来,被害や迷惑を受けたというマイナス評価を意味の中心に持っていますが,近年は主に書きことばで評価には中立で無色の表現に用いられ始めています。

なお,"被" に限り動作の主体(仕手)を省略した文を造ることができます。
①她**被**(大家)称为活字典。
②这里的空气还没有**被**污染,非常清新。

★介詞 "叫 jiào" "让 ràng" については,既に13課の使役表現「兼語文」のところで取り上げました。おもしろいことに,中国語では使役(使動態 *Causative Voice*)と受け身(受動態 *Passive Voice*)が相互乗り入れをしているのです。とは言え日本語を振り返って見てみると,使役と受け身は「…させる(saseru)」と「…される(sareru)」の差,わずか子音ひとつの違いでしかありませんから五十歩百歩ではあります。

	日本語	中国語
使動態	N₁が　N₂に　Vさせる。	N₁ 叫 N₂ VP。/N₁ 让 N₂ VP。
受動態	N₁が　N₂に　Vされる。	

文型1：

N受手＋介詞＋N仕手＋(给)＋動詞句				
他	被	大夫		批评了一顿。
我	被	狗		咬 yǎo 了。
他	让	我	给	拉回来了。
书	叫	我	给	抢过来了。
钱包	被	人		偷了。
衣服都	被	雨		淋湿 línshī 了。
信纸	叫	风		刮走了。
衣服	让	油漆 yóuqī		弄脏了。

文型2：

N受手＋	介詞＋N仕手＋	動詞句＋N受手の一部分	
他	被	炸弹 zhàdàn	炸断了　左腿。
手指	叫	镰刀 liándāo	划破了　皮儿。
小羊羔儿 yánggāor	叫　狼	吃了　两只。	
衣服	被	树枝	挂破了　一条口子。

借文練習：

1a：花瓶叫孩子摔破 shuāipò 了。
1b：ガラスのコップを子供がぶつけて割ってしまった。（玻璃杯子 bōli bēizi）

2a：那本词典昨天又被人借走了。
2b：彼女の自転車が誰かに乗って行かれてしまった。

3a：她的秘密被同学发现了。
3b：わたしたちの話を彼に聞かれてしまった。

4a：我跟她一见面，就被她迷住了。
4b：タイトルを一目見て、この映画に魅惑されてしまった。

5a：我家窗户叫台风刮破了两扇。
5b：5枚あった切符を彼に3枚持って行かれた。

不満表現:"V 什么!"

"什么 shénme"を動詞や形容詞の仮りの目的語あつかいにして,相手のことばや態度に反発し「何が…なものか!」「何を…するのか!」といった不満表現を造ります。これは見かけは疑問文ですが,話し手の表現意図は不満や反論を相手に訴えかけることにあります。

(例)B[3]: 你**笑什么**! 何を笑う! ⇨笑うな!
"中药很苦吧?""**怕什么**!'良药苦口利于病'嘛。"(12課 D[9])

"**干什么**""**干吗 gànmá**"は「何故そんなことをするのか!」というとがめの表現を造ります。

(例)**干吗**那么早来呀?(22課 B[10])

借文練習:

1a:<u>哭什么</u>! 这么大了,你还哭!
1b:何を歌っているんだ! こんなに遅くに,もう皆寝ているのに!

2a:"我该回去了。""你<u>忙什么</u>! 再坐会儿吧。"
2b:「いますぐ行こう!」
 「何を急いでるの,まだ時間があるよ」

3a:还<u>散什么</u>步呀,你看看现在都几点了?
3b:服はたくさんあるのに,まだ何の服を買うというの?

4a:"这个地方好极了。""<u>好什么</u>! 没山没水的。"
4b:「あなたのそのスカートきれいですね。」
 「何がきれいなものですか,デザインはださいし,色も悪いし。」

25課 279

強調否定："一点儿＋也/都＋否定述語"

　　[疑問詞＋"也/都"＋否定述語]という文型で，「何も/どこも/誰も…ない」という全面的な否定表現を造りました。(☞12課)
　　ここで未定をあらわす疑問詞に代えて，最小数・極少量をあらわす"一个 yíge""一点儿 yìdiǎnr"などを用いると「一つも/すこしも…ない」という否定を強調した表現ができあがります。

　　何も食べたくない　　：　什么也不想吃～　什么都不想吃
　　少しも食べたくない：一点儿也不想吃～一点儿都不想吃
　(例)
　C¹：他一点儿也不听我的话。彼は私の言うことをちっとも聞かない。
　B²：一点儿都不活动还行?　少しも運動しないでそれでいいのか？

　比較　　否定の強調表現には次のようなヴァリエーションがあります。

疑問詞　＋"也/都"否定述語	谁也不想去(☞12課)
"一点儿"＋"也/都"否定述語	一点儿也不想去
"连…"　＋"也/都"否定述語	连小孩儿也不想去(☞20課)

中訳練習：

1）何も飲まない　　　　　　　2）何も無い
　　少しも飲まない　　　　　　　どこにも無い
　　一口も飲まない　　　　　　　少しも無い
　　水さえも飲まない　　　　　　一つも無い

3）一人も来ていない　　　　　4）少しも難しくない
　　一銭も使っていない(一分钱)　　ここから少しも遠くない
　　一回も行ったことがない　　　　ちっともおいしくない
　　一通も手紙をよこさない　　　　全然おもしろくない

5）彼の言葉はなまりがひどすぎて，ひとことも聞き取れない。(口音重 kǒuyīn zhòng)
6）昨日は行くのが遅すぎて，一枚のチケットも手に入らなかった。
7）私，あなたのご厚意は一生忘れられません。(一辈子 yíbèizi)

事項索引（日本語順）

各項目末尾の数字は課数を表す

あ

あいさつ	1
アスペクト	12,14,19
ありさまのことば	8
意志願望	10
已然事態の否定副詞 "没（有）"	12
已然・変化のムード助詞 "了ₘ" と発生・実現のアスペクト辞 "了ₐ"	12
1より小さい数	6
「疑い」	3,8
A or B 型疑い文	8
えと	7

か

外貨	6
介詞	4
介詞 "把"	20
介詞 "比" による比較表現	23
介詞 "被" "叫" "让"	25
介詞 "为" "为了"	24
介詞 "在、给、用"	4
概数表現	7
蓋然性	10
数の数え方	5
仮定譲歩表現："就是 P 也 Q。"	22
仮定表現："要是 P，就 Q。"	17
可能性の "会"	22
可能補語："V 不 R" "V 不 D"	21
可能補語："V 不着" "V 不了"	22
カレンダーの読み方	7
基本量詞	5
疑問詞	3
疑問詞 "什么"	3,4,25
疑問詞＋"也/都"＋…	12
疑問詞の連鎖表現	24
疑問表現：「疑い」と「問いかけ」	3
強調否定："一点儿＋也/都＋否定述語"	25
金額の言い方	6
空間（時間）に関する介詞 "从" "到" "离" "往"	9
経験のアスペクト："V 过"	14
継続時間	15
形態変化の無いことば	6
形容詞の重ね型：状態形容詞	17
形容詞の命令表現："A 一点儿！"	17
結果補語：VR	16
兼語文	13
現象文	18
国籍	2
国名	2

さ

三文字のイディオム	20
使役表現：兼語文	13,25
時間	7
時刻	7
「指示語」＋数詞＋量詞＋名詞	24
指示詞	4,9
持続のアスペクト："V 着"	19

実現のアスペクト辞："了ₐ"	12	た	
時点	7	太陰暦	7
時点と時間の文型比較	7	中国語	2
借用量詞	5	中国の祝祭日	7
謝罪とその応答	11	重複の副詞："又""再"	13
集合量詞	5	定着表現："V 在…"	18
祝福	11	程度副詞	10
主述述語文	6	程度補語	11,16
受動表現：介詞"被""叫""让"	25	できる	10
条件表現："只要 P 就 Q。""只有 R オ Q。"		伝聞表現："听说"	15
	22	「問いかけ」	3
小数	6	動作終了後の経過時間	15
承前接続語："那""那么"	14	動作とその継続時間	15
状態形容詞	17	動作とその実行回数：動量詞	15
状態補語	21	動詞の重ね型	9
焦点表現："是…的。"	13	当然	10
譲歩表現："x 是 x, 可是…。"	22	到達表現："V 到…"	18
譲歩表現："虽然 P, 但是 Q。"	23	同等表現："A 跟 B 一样（形）"	24
所在	9	動量詞	5,15
所属関係	4	時計の読み方	7
処置文：介詞"把"	20	取り立て表現："连…都/也"	20
助動詞	10	度量衡単位	5
所有関係を明示する助詞"的"	4	な	
進行表現："（正）在 VP 呢。"	14	にせの「問いかけ」ムード助詞"嘛"	12
親族関係	4	年齢のたずねかた	7
推量表現："看（起）来,…。"	21	能力	10
数量詞	5	は	
制限副詞："只"	21	パーセント	6
姓名の尋ね方・答え方	2	場所語	9
属性	4	反語表現："哪（儿）…？""怎么…？"	
存現文	18		24
存在	9	判断を表す"是"	1
存在文	9,19	比較表現	23

282

日付と時刻	7	方位詞	9
必然	10	方向補語："V 来""V 去"	16
必要性	10	ま	
否定疑問："不是…吗？"	13	三つの de："的""地""得"	17
否定副詞："不""没有"	14	未定数の疑問詞"几""多少"	5
100 以上の数	6	ムード副詞："还是"	20
比喩と推量："好像"	20	ムード副詞："是"	21
比喩表現	24	名量詞	5
標点符号	3	目的語を二つ取る動詞と文型	5
V 不 V 型	3	目的表現：介詞"为""为了"	24
複合方向補語	17	や・ら	
副詞"也""都"	3	やりもらいを表す動詞	5
副詞"就""才""已经～了。""都～了。"	7	容器量詞	5
不満表現："V 什么！"	25	離合詞 v//n	20
分数	6	量詞	5
文末のムード助詞："吗""吧""啊"	1	類似表現："像…一样"	17
ペアー量詞	5	類別詞	5
並行動作："一边 V_1 一边 V_2"	18		

事項索引（ピンイン順）
各項目末尾の数字は課数を表す

A		不了	22
啊	1	不是…吗？	13
B		不着	22
吧	1	**C**	
把	20	才	7
被	25	从	9
比	23	**D**	
不	14	到	9

283

到（V到）	18	**M**	
的	4,17	吗	1,3
地	17	嘛	12
得	17	每	24
都	3,12,25	没（有）	12
都~了	7	没有	14
多	3	**N**	
多少	3,5	哪	2,3,4
G		那	4,14
各	24	哪个	3
给	4	哪里	3
跟	24	那么	14
过	14	哪儿	3,24
H		呢	3,14
还是	8,20	**Q**	
好极了	7	起来	20
好久没见了	13	去	16
好像	20	**R**	
喝（一）杯茶吧！	13	让	13,25
会	10,22	人民币	6
J		**S**	
几	3,5	谁	3
叫	13,25	谁也不V谁	22
极了	7	什么	3,4,25
就	7	是	1,21
就是P也Q	22	x是x，可是…	22
K		是…的	13
看（起）来，…	21	虽然P，但是Q	23
L		**T**	
来	16	听说	15
了	12,22	**W**	
离	9	往	9
连…都/也	20	为	24

为了	24	着	19,22
为什么	3	（正）在	14
X		只	21
像…一样	17	只要 P 就 Q	22
些	4	只有 R 才 Q	22
Y			
一（yāo）	5		
要是 P，就 Q。	17		
也	3,12,25		
一（yī）	5		
一边 V$_1$ 一边 V$_2$	18		
一点儿	17		
一点儿＋也/都＋否定述語	25		
一会儿	9		
已经～了	7		
一下儿	9		
一样	17,24		
用	4		
又	13		
"有 N" グループの単語	13		
"有" 文の語順	15		
"有/没有" による比較表現	23		
"有的 N…，有的 N…。"	19		
"有点儿"＋形容詞	12		
越 P 越 Q	8		
Z			
在	4,9,14		
在（V 在）	18		
再	13		
怎么	3,8,24		
怎么样	3		
怎样	3		
这	4		

著者略歴

石川 裕(いしかわ ゆたか)
1959 年京都市生まれ。
大阪外国語大学、東京大学大学院卒業。
東京大学大学院修了後、北京大学留学。
文学博士(北京大学中文系)。
現在、大阪大学大学院准教授・外国語学部准教授。

CD 収録
逐語版・何立人
模擬版・陳文花・王姿

日本語吹込=横松文子

チャイニーズ・ブライマー —*New Edition*—

2001 年 3 月 31 日 初版第 1 刷発行
2022 年 4 月 10 日 初版第 8 刷発行

著 者●石川 裕
発 行 者●山田真史
発 行 所●株式会社東方書店
東京都千代田区神田神保町 1-3 〒101-0051
電話 (03)3294-1001 営業電話 (03)3937-0300
印刷・製本●株式会社平河工業社
CD 製作●株式会社東京録音

※定価はカバーに表示してあります

ⓒ2001 石川 裕　Printed in Japan
ISBN978-4-497-20026-6 C3087

乱丁・落丁本はお取り替えいたします。恐れ入りますが直接小社までお送りください。
本書を無断で複写複製(コピー)することは、著作権法上での例外を除き、禁じられています。本書をコピーされる場合は、事前に日本出版著作権協会(JRRC)の許諾を受けてください。
JRRC(http://www.jrrc.or.jp Eメール: info@jrrc.or.jp
電話: 03-3401-2382)
小社ホームページ〈中国・本の情報館〉で小社出版物のご案内をしております。https://www.toho-shoten.co.jp/

好評発売中

＊価格10％税込

東方中国語辞典

相原茂・荒川清秀・大川完三郎主編／中国人の誰もが尊敬にする！任意も豊蹟、絶景なピジネス中国語を発信する中国語辞典。中検や HSK などの各種問題の引きに使える充実した解説。2 色刷り。

……四六判 2120 頁◎税込 5500 円（本体 5000 円）978-4-497-20312-0

中国語文法用例辞典

《現代漢語八百詞 増訂本》日本語版

呂叔湘主編／《現代漢語八百詞 増訂本》（商務印書館、1999）を完訳。大幅な加筆補正を行い、収録語数は3編で約 1000 語に。

……四六判 608 頁◎税込 5280 円（本体 4800 円）978-4-497-20303-8

やさしくくわしい
中国語文法の基礎
改訂新版

守屋宏則・李軼倫著／充実した解説と豊富な例文、出現順の長所はそのままに、例文を出現順に直し、解説をアップデート。

……A5判 380 頁◎税込 2640 円（本体 2400 円）978-4-497-21918-3

HSK6級 読む聴く覚える 2500

（音声ダウンロード方式、チェックシート付）

田芳・張明傑著／72 題の文章を繰り返し聴いて、繰り返し読んで、HSK6級の頻出語彙 2500 語を身につけよう。

……A5判 320 頁◎税込 3300 円（本体 3000 円）978-4-497-22023-3

東方書店ホームページ〈中国・本の情報館〉https://www.toho-shoten.co.jp/